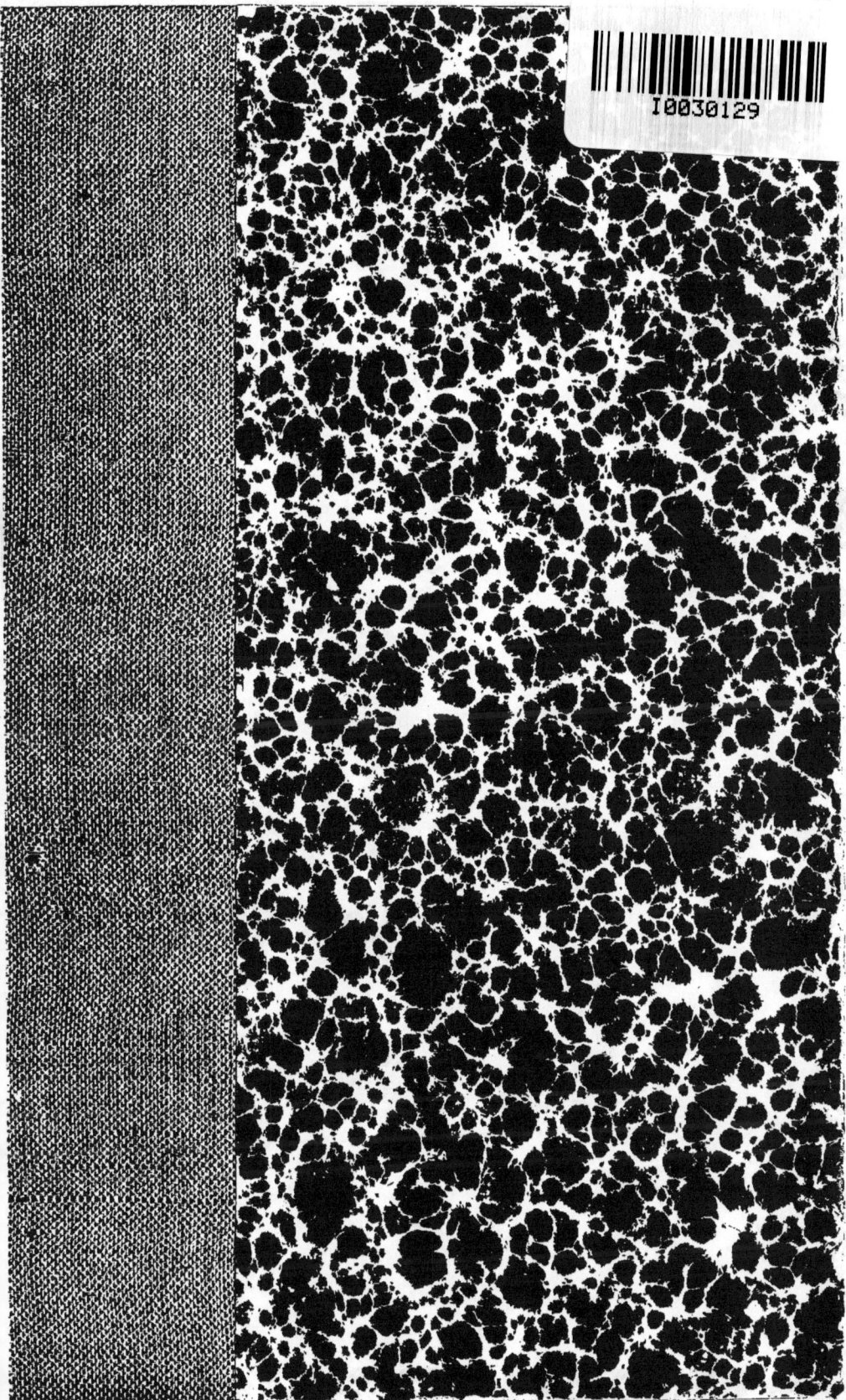

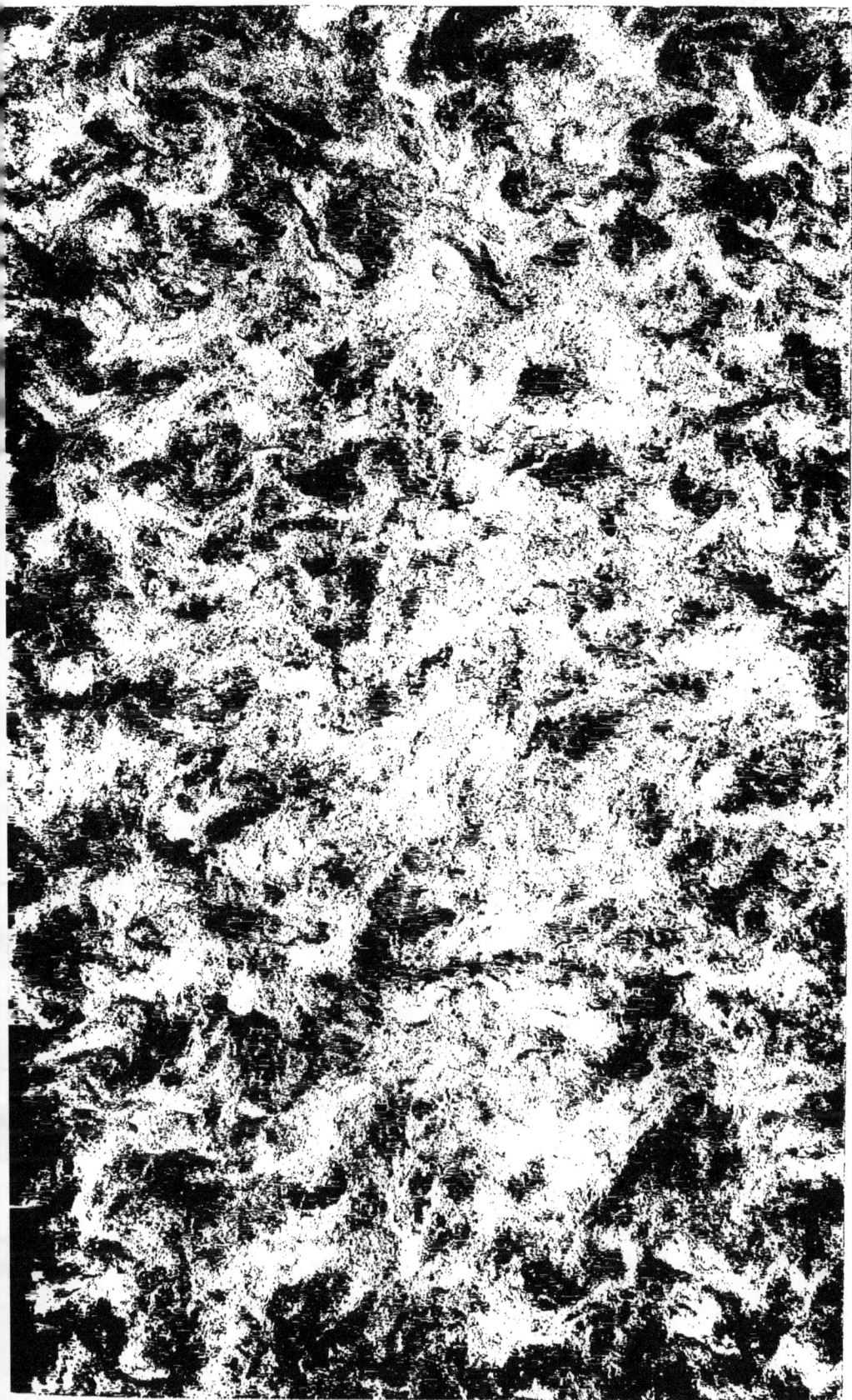

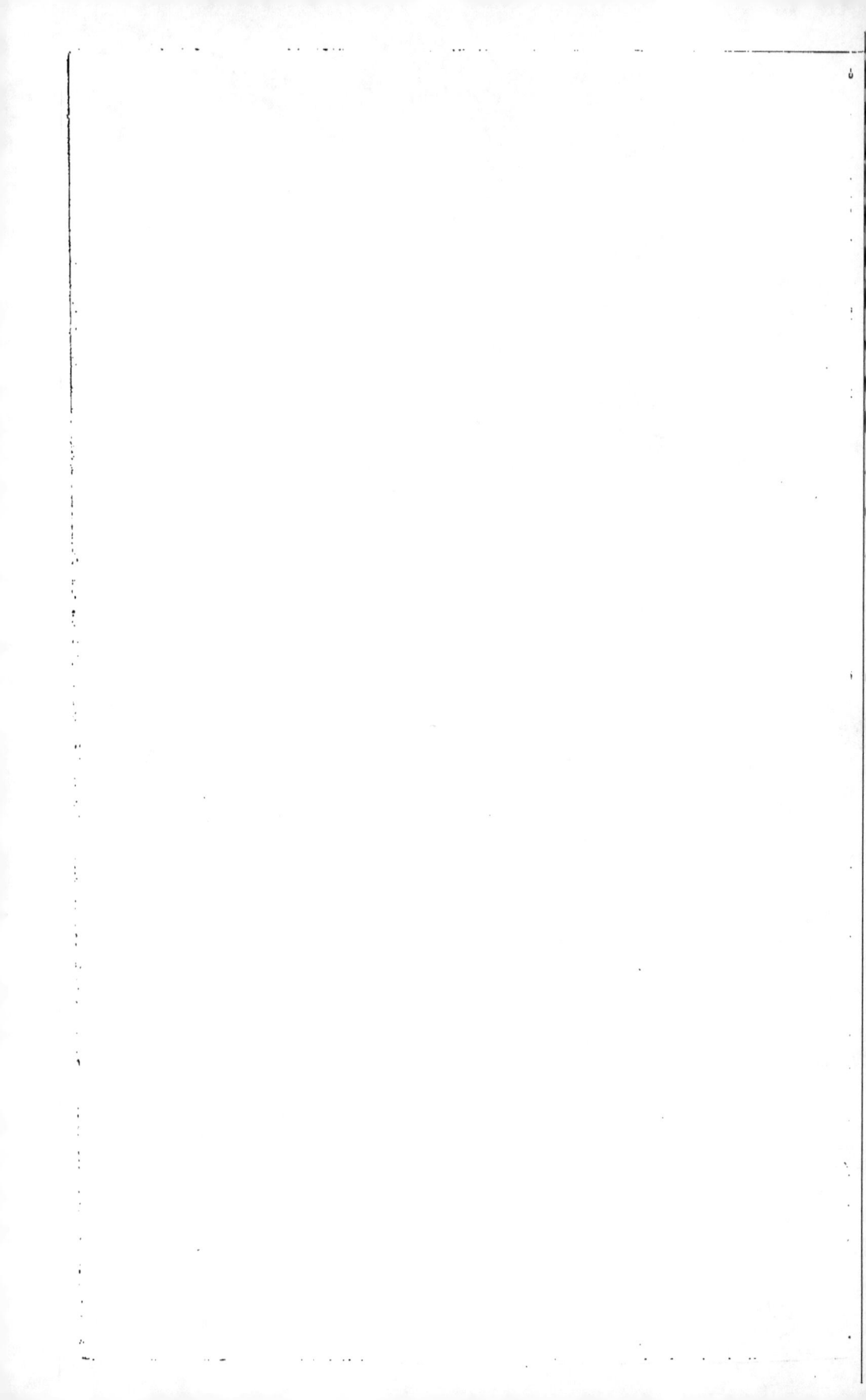

UNIVERSITÉ DE GRENOBLE — FACULTÉ DE DROIT

LE

TRAVAIL DES FEMMES

DANS L'INDUSTRIE FRANÇAISE

THÈSE POUR LE DOCTORAT

L'Acte public sur les matières ci-dessus
sera soutenu le jeudi 27 juillet 1899

PAR

Joseph VALLIER

Licencié en Droit.

GRENOBLE

IMPRIMERIE ALLIER FRÈRES

26, Cours Saint-André, 26

1899

THÈSE

POUR LE DOCTORAT

UNIVERSITÉ DE GRENOBLE — FACULTÉ DE DROIT

JURY DE LA THÈSE.

UNIVERSITÉ DE GRENOBLE — FACULTÉ DE DROIT

LE
TRAVAIL DES FEMMES

DANS L'INDUSTRIE FRANÇAISE

THÈSE POUR LE DOCTORAT

L'Acte public sur les matières ci-dessus
sera soutenu le jeudi 27 juillet 1899

PAR

Joseph VALLIER

Licencié en Droit.

GRENOBLE

IMPRIMERIE ALLIER FRÈRES

26, Cours Saint-André, 26

—

1899

A mon Père,

A mon Frère,

A mes Amis.

INDEX BIBLIOGRAPHIQUE

BLANQUI. — Les Classes ouvrières en France.

BRY. — Cours de Législation industrielle.

CAUWÈS. — Cours d'Économie politique.

DALLOZ. — Jurisprudence générale, V° Industrie et Commerce.

DES CILLEULS. — La grande industrie aux XVIIᵉ et XVIIIᵉ siècles.

DUVAL. — Notre pays.

LAGRÉSILLE. — Commentaire de la loi du 2 novembre 1892.

LEROY-BEAULIEU. — L'État moderne et ses fonctions

    —   — Traité d'Économie politique.

    —   — Le travail des femmes au XIXᵉ siècle.

LEVASSEUR. — Histoire des Classes ouvrières en France depuis 1789 jusqu'à nos jours.

MARTIN SAINT-LÉON. — Histoire des Corporations de métiers.

MORISSEAUX. — Législation du travail.

MOSNIER. — La grande industrie du XVᵉ siècle à la Révolution, thèse 1898.

PIC. — Traité élémentaire de Législation industrielle.

ROSSI. — Cours d'Économie politique.

SPENCER. — L'individu contre l'État.

JULES SIMON. — L'Ouvrière.

SCHULZE GOEVERNITZ. — La grande industrie.

VILLERMÉ. — Tableau de l'état physique et moral des ouvriers.

— VIII —

Annales de l'Assemblée nationale, 1873.

Annuaire statistique de la France, 1898.

Enquête sur les salaires et la durée du travail. Seine et départements, 1893.

Journal des Économistes, 5ᵉ série, tome XXXIII, 1898.

Journal Officiel, 1888-1899.

Monde Économique, 1891.

Moniteur Officiel, 1848.

Bulletin de l'Office du travail, 1894-1899.

Rapports du Préfet de l'Isère au Conseil général, 1893-1898.

Revue catholique des institutions et du droit, 1891.

Revue socialiste, 1886, 1897-1899.

INTRODUCTION

Depuis une vingtaine d'années, les grands principes pro-
clamés par la Révolution ont subi, en France, de nombreuses atteintes, en ce qui concerne l'organisation du
travail industriel.

On a reconnu que la liberté et l'égalité accordées par la
loi à tous les citoyens ne sont qu'un leurre pour l'ouvrier,
dans une société basée sur la diversité des situations économiques; aussi a-t-on confié à l'État la mission d'intervenir et d'imposer certaines conditions au contrat de travail.

Pendant toute la première moitié du dix-neuvième
siècle, on ne s'intéressait guère au sort des classes labo-
rieuses. Les ouvriers étaient trop isolés et trop désarmés
pour se défendre contre les abus de la liberté : aucun lien
d'association n'existait entre eux ; le droit de coalition leur
était retiré, et en cas de différend avec le maître, celui-ci,
d'après la loi, était cru sur son affirmation.

Quand le suffrage universel fut établi, la classe ouvrière
put s'organiser et conquérir les droits qu'on lui avait re-
fusés jusque-là : droit de coalition, en 1864, droit d'association en 1884, etc.

Formant un véritable groupement social, « le quatrième

état » répudia les vieilles doctrines du Laisser Faire et rompit complètement avec les théories sentimentales et mystiques de Fourier et de Saint-Simon.

L'opinion publique s'effraya d'abord des revendications ouvrières qui furent décorées du titre un peu exagéré de « questions sociales ».

Elle s'émut ensuite aux récits d'existences passées dans le labeur et la gêne sans espoir d'en sortir un jour, de souffrances et de morts causées par un travail dangereux et excessif. Elle trouva criminelle l'obligation imposée aux femmes de fournir un travail quotidien, variant de quatorze à seize heures en moyenne[1].

Grâce aux efforts de la presse et à l'activité de généreux philanthropes, qui se firent au Parlement les défenseurs de la cause des ouvrières, un projet de loi fut enfin déposé en 1886, sur la réglementation du travail.

Ce projet, qui étendait aux femmes la protection déjà accordée aux enfants en 1874, est devenu la loi du 2 novembre 1892, sur le travail des enfants, des filles mineures et des femmes dans les établissements industriels.

Actuellement encore, quelques économistes de l'École libérale discutent sur la légitimité de l'intervention législative en faveur des femmes et prétendent que la loi de 1892 ouvre toute grande la porte au Socialisme d'État.

A notre avis, l'argument qu'ils tirent de la capacité civile de la femme n'a aucune valeur. Même invoquée au profit de l'homme adulte, la liberté du travail cesse d'être un

---

[1] La loi du 22 mars 1841 avait réglementé le travail des enfants, mais son application fut presque nulle. La loi du 19 mai 1874, sur la même matière, eut un meilleur sort, grâce à la création d'inspecteurs appointés, chargés d'assurer son exécution.

principe absolu, s'il est prouvé que l'ouvrier est soumis à
des travaux excédant ses forces, et que, lors de la formation du contrat, il se trouve dans un état d'infériorité qui
ne lui permet pas de s'engager librement. Quand l'emploi
de l'activité humaine est abusif, il faut corriger ce que la
liberté a de défectueux. Comme dit Lacordaire : « entre le
riche et le pauvre, entre le fort et le faible, c'est la liberté
qui opprime et c'est la loi qui affranchit ».

L'État doit intervenir chaque fois que l'intérêt public
le demande. C'est pour lui un droit et un devoir d'empêcher l'anéantissement des forces ouvrières, la destruction
des générations futures. Une des plus importantes mesures
de conservation sociale est la détermination d'un maximum
de travail que, seule, la loi peut imposer à toutes les industries.

Rossi reconnaissait bien la légitimité de la protection
due au travail des faibles, quand il écrivait :

« Le but de la société, comme le but de l'individu, n'est
pas seulement d'être riche ; ce but peut même, dans certains cas, être subordonné à un but plus élevé. Suppo-
sons que ce fût un moyen de richesse nationale que de
faire travailler les enfants quinze heures par jour, la morale dirait que cela n'est pas permis ; la politique aussi
nous dirait que c'est là une chose nuisible à l'État, qu'elle
paralyserait les forces de la population. Pour avoir des
ouvriers de onze ans, on aurait de chétifs soldats de vingt
ans. La morale ferait valoir ses préceptes, la politique ses
exigences, et quand même il serait prouvé que le procédé
serait utile comme moyen de richesse, on ne devrait pas
l'employer... Il faut appliquer le travail selon l'importance du but. Quand l'application du travail est contraire

à un but plus élevé que la production de la richesse il ne faut pas l'appliquer[1]. »

La loi de 1892 a marqué un grand pas dans la voie de la protection du travail, en limitant la durée de la journée pour les ouvrières employées dans l'industrie.

Son but a été de remédier à la situation de la femme, dont un travail prolongé ruinait la santé, de faciliter la reconstitution de la vie de famille, de faire renaître l'amour du foyer, qui peu à peu disparaissait, enfin de relever le niveau de la moralité et de mettre un frein à la mortalité infantile, qui était une conséquence indirecte du travail excessif des femmes.

D'après la loi de 1892, les ouvrières sont réparties en trois catégories, au point de vue de la protection qui leur est accordée :

1o Les enfants de 13 à 16 ans ; 2o les jeunes ouvrières de 16 à 18 ans ; 3o les filles au-dessus de 18 ans et les femmes de tout âge.

Nous limiterons notre étude aux dispositions de la loi se référant au travail industriel des filles et des femmes de la troisième catégorie.

La réglementation de leur travail fut l'innovation la plus intéressante de la loi de 1892 et donna lieu à de nombreuses discussions, sur lesquelles nous aurons le loisir de nous étendre un peu longuement.

Nous n'avons pas jugé à propos de passer en revue les diverses législations étrangères sur la réglementation du travail des femmes. Nous avons toujours trouvé fastidieuses ces longues énumérations de textes, dont on ne saisit pas

---

[1] Rossi, *Cours d'Économie politique*, t. I, p. 36.

toujours la portée, parce que l'on ignore l'état des lois, des mœurs et de la civilisation dans les nations où ils sont en vigueur.

Cette observation peut se faire particulièrement en ce qui concerne l'objet de nos recherches. Dans chaque État, la question du travail des femmes revêt souvent les aspects les plus divers et peut soulever une foule de problèmes que l'on ne saurait présenter dans un rapide aperçu de quelques lignes.

D'ailleurs, l'exposé de la législation comparée nous aurait conduit à cette fâcheuse constatation : la France a été une des dernières nations civilisées qui se soient occupées de la protection légale du travail des femmes.

Voici le plan d'après lequel nous avons conçu notre étude :

CHAPITRE PREMIER : Développement de l'Industrie au dix-neuvième siècle.

CHAPITRE DEUXIÈME : Rôle de la femme dans l'Industrie.

> *Première section :* Causes de l'augmentation de la main d'œuvre féminine.

> *Deuxième section :* Conditions du travail de l'ouvrière.

CHAPITRE TROISIÈME : Légitimité de l'intervention de l'État dans la réglementation du travail. .

CHAPITRE QUATRIÈME : Historique de la protection du travail des femmes.

CHAPITRE CINQUIÈME : Étude des prescriptions de la loi du 2 novembre 1892, relatives au travail des femmes adultes.

> § 1er : Réglementation des heures de travail.

> § 2 : Travail de nuit.

CHAPITRE PREMIER

———

LE DÉVELOPPEMENT DE L'INDUSTRIE
AU DIX-NEUVIÈME SIÈCLE.

Le régime de la grande industrie ne date guère que de
la fin du siècle dernier.

Sans doute, Colbert créa, malgré les protestations des
maîtrises, quelques grandes manufactures d'objets de
luxe, et leur concéda de nombreux monopoles ; il favorisa
également certaines industries déjà existantes, telles que
les fonderies et les toileries du Dauphiné, les fabriques d'ar-
mes de Saint-Étienne, etc. [1], mais les réglements qu'il leur
appliqua en vue d'assurer la bonne qualité des produits
étaient si minutieux et si oppressifs, que l'industrie en fut
comme « stérilisée [2] ».

Il en fut de même au dix-huitième siècle. Les entraves
administratives et l'émigration des ouvriers calvinistes ne
permirent pas à l'industrie de s'étendre et de tirer profit
des améliorations que la science commençait à apporter
dans les diverses branches de la fabrication [3].

---

[1] Louis Mosnier, *Origines de la grande industrie en France,* thèse 1898,
pp. 118 et suiv.

[2] Cauwès, *Cours d'Économie politique,* t. I, p. 112.

[3] Au siècle dernier, seule l'industrie textile était en progrès : elle occupait 239,709 ouvriers (Des Cilleuls, *Régime de la grande industrie en*

On peut donc avancer, d'une façon à peu près certaine, que pendant tout l'Ancien Régime on ignora la grande industrie.

La production était soumise au régime corporatif, étendu à la généralité des villes depuis le seizième siècle. La sévérité des règles de la communauté et des ordonnances royales ne laissait, en quelque sorte, aucune initiative dans l'exercice des professions. Les procédés et les matières à employer, tout, jusqu'au nombre de fils des divers tissus, à la largeur et à l'aunage des étoffes, était scrupuleusement prescrit, sous peine de punitions rigoureuses[1].

C'était l'époque du petit atelier de famille, où l'artisan n'avait à sa disposition qu'un matériel grossier, de lourds engins de bois difficiles à mettre en mouvement. On ne connaissait guère d'autre force motrice que celle de l'homme et des animaux; les établissements mus par l'eau étaient rares.

Il faut ajouter aussi que le réseau multiplié de douanes, de traites, de péages, etc., qui sillonnait la France, et les difficultés que l'on éprouvait dans les communications, étaient autant d'obstacles opposés au développement de la grande industrie.

L'édit de Turgot, de février 1776, avait vainement essayé de supprimer l'ancienne organisation corporative; la loi des 2-17 mars 1791 fut plus heureuse et proclama

---

France, p. 42). Saint-Quentin possédait 60,000 fileuses et 6,000 tisserands. La soierie de Lyon occupait 30,000 personnes. Sedan avait 100,000 ouvriers en draperie fine (Levasseur, *Histoire des classes ouvrières en France depuis 1789 jusqu'à nos jours*, t. 1, p. 7).

[1] Cauwès, *Cours d'Économie politique*, t. 1, p. 113.

la liberté du travail pour tous les citoyens[1]. Quelques mois auparavant, le décret des 31 octobre-5 novembre 1790 avait aboli les droits de traites à l'intérieur du pays. Seules étaient maintenues les taxes de douanes, perçues sur les marchandises étrangères suivant un tarif uniforme, qui fut promulgué les 6-22 août 1791.

Ces transformations sociales furent accompagnées de modifications non moins profondes dans les arts mécaniques.

En effet, c'est à peu près à cette époque qu'une force motrice nouvelle, la vapeur, fit son apparition. Son utilisation, toujours croissante au cours du dix-neuvième siècle, fut une des principales causes du développement de la grande industrie.

La découverte de la machine à vapeur, due surtout à James Watt, donna, dès 1765, une importance primordiale aux mines de houille et de fer, jusque-là d'une utilité secondaire.

La production de la houille augmenta d'année en année et, dans le monde entier, de 12 millions et demi de tonnes en 1800, elle atteignit le chiffre de 485 millions de tonnes en 1889[2].

Voici, d'après les renseignements statistiques que nous avons pu nous procurer, quel aurait été, à diverses

---

[1] Il faut reconnaître que l'édit du 28 août 1776, qui rétablit les corporations et créa six corps de marchands, était conçu dans un sens libéral ; mais il n'eut pas le temps, en treize années, de donner de grands résultats : la communauté nouvelle ne put se développer pacifiquement et librement (Cf. Martin-Saint-Léon, *Histoire des corporations de métiers*, pp. 491 et suiv.).

[2] Cauwès, *Cours d'Économie politique*, t. I, p. 545.

époques, depuis le début du siècle, le rendement des houillères françaises, évalué en milliers de tonnes :

Années...	1800[1]	1802[9]	1830[1]	1835[9]	1840[4]	1850[5]	1852[4]	1855[9]	1860[5]	1862[4]	1865[3]	1869[?]
Tonnes extraites.	6 0	840	1.700	2.500	3.003	4.400	4.904	7.450	6.900	10.317	11.100	13.33

Années...	1870[5]	1872[4]	1880[5]	1882[4]	1890[5]	1891[6]	1892[6]	1893[6]	1894[6]	1895[7]	1896[8]	1897[?]
Tonnes extraites.	11.800	16.101	16.800	20.604	21.500	26.100	26.200	25.700	27.400	28.000	29.189	30.73

En même temps, la consommation, qui est plus forte que la production de nos gisements, passait de 7,700 mille tonnes en 1850, à 11,500 mille en 1860, à 18,600 mille en 1870, à 24,200 mille en 1880, à 31,800 mille en 1890[10]. L'augmentation a continué encore ces dernières années. En 1892 on a consommé, en France, 36,400 mille tonnes de houille, 38,000 mille en 1894[11] et 39,900 mille en 1896[12].

Les nombres ci-dessus montrent, par leur accroissement constant pour la consommation et, à peu de chose

[1] Levasseur, *Histoire des classes ouvrières en France depuis 1789 jusqu'à nos jours*, t. 1, p. 441.

[2] Levasseur, *op. cit.*, t. II, p. 352.

[3] J. Duval, *Notre pays*, p. 122.

[4] *Bulletin de l'Office du travail*, janvier 1894, p. 24.

[5] *Ibid.*, mars 1895, p. 176.

[6] *Ibid.*, mars 1896, p. 159.

[7] *Ibid.*, mars 1898, p. 166.

[8] *Ibid.*, avril 1898, p. 251.

[9] Cauwès, *op. cit.*, t. 1, p. 546.

[10] *Bulletin de l'Office du travail*, mars 1895. p. 176.

[11] *Ibid.*, mars 1896, p. 159.

[12] *Ibid.*, mars 1898, p. 166.

près, pour la production, le rôle essentiel que joue la houille dans l'industrie manufacturière et dans celle des transports.

L'exploitation des minerais de fer s'est aussi développée et surtout perfectionnée. Les difficultés de transport du minerai de fer à cause de son poids élevé et de sa faible valeur, l'éloignement, et surtout le trop petit rendement des bassins houillers connus, ont longtemps fait la supériorité de certains pays, possédant en même temps dans leur sol les filons métallifères, et sur leur sol, les végétaux combustibles nécessaires au traitement métallurgique ; ce fut le cas de la région des· Ardennes, de la Haute-Marne, etc.

La découverte de la locomotive, en rendant les communications plus faciles et moins coûteuses, permit à des contrées riches en mines métalliques, mais dépourvues de gisements houillers, de faire venir de l'étranger le charbon qui leur manquait. Ainsi, la vallée de la Moselle, brûle dans ses hauts-fourneaux la houille venue du Luxembourg et de l'Allemagne. L'application de la machine à vapeur à la navigation maritime a facilité la création d'usines métallurgiques sur le littoral, à Saint-Nazaire, par. exemple, où l'on traite le minerai, venu directement d'Algérie ou d'Espagne, avec des charbons français et anglais.

Néanmoins, l'Angleterre serait restée longtemps privilégiée au point de vue de l'industrie du fer — car, fréquemment, la même localité fournit le minerai et la houille, — si, en 1862, la découverte de la fusion de l'acier en grandes masses par la méthode Bessemer, n'avait démontré la supériorité incontestable des minerais non phosphorés de France sur ceux de l'Angleterre, peu propres à la fabrication de l'acier.

Quoi qu'il en soit, en France, depuis un siècle, les procédés sidérurgiques et la production métallurgique ont progressé d'une façon constante.

En 1789, on fondit 100 millions de livres de fer et 6 millions de livres d'acier[1].

En 1850, la production de la fonte est de 405 mille tonnes[2]; en 1860, elle atteint 898 mille tonnes (plus du double)[3]; en 1877, elle est de 1,500 tonnes[4]; en 1882, de 2,069 tonnes[5]; en 1888, elle tombe à 1,689 mille tonnes[6]; elle se relève, en 1890, à 1,962 mille tonnes[7]; en 1896, elle est à 2,339,537 tonnes, et en 1897, à 2,472,143 tonnes[8].

L'acier, à cause de sa grande dureté et de sa fusibilité qui permet d'obtenir des pièces de dimensions énormes, supplée de plus en plus le fer. Le prix de revient de l'acier est, actuellement, à peu près égal à celui du fer (200 francs environ); en 1850, il était de 1,250 francs, tant les difficultés de fabrication étaient grandes.

En 1850, la production du fer était de 833 mille tonnes[9], celle de l'acier de 22 mille seulement[10]; en 1860, nous trouvons, pour le fer, 1,351 mille tonnes[11] et 29 mille pour

[1] Levasseur, *op. cit.*, t. I, p. 8.
[2] Cauwès, *op. cit.*, t. I, p. 575.
[3] *Le Monde économique*, 1891, 1er semestre, p. 3.
[4] Duval, *op. cit.*, p. 213.
[5] Cauwès, *op. cit.*, t. I, p. 575.
[6] *Le Monde économique*, 1891, 1er semestre, p. 3.
[7] Cauwès, *op. cit.*, p. 575.
[8] *Bulletin de l'Office du travail*, avril 1898, p. 251.
[9] Cauwès, *op. cit.*, t. I, p. 578.
[10] *Ibid.*, t. I, p. 579.
[11] *Ibid.*, t. I, p. 578.

l'acier[1]; en 1872, 883 mille tonnes de fer[2] et 267 mille
d'acier[3]; en 1880, 966 mille tonnes de fer[4] et 389 mille
d'acier[5]; en 1891, la production du fer est de 811 mille
tonnes, tandis que celle de l'acier double presque en dix
ans et arrive à 604 mille tonnes[6]; en 1896, stagnation du
fer à 828,758 tonnes, et en 1897, nouveau déclin à 828,273
tonnes[7], pendant que l'acier atteint successivement, en
1896, 1,180,743 tonnes et 1,281,595 en 1897[8].

Il nous faudrait passer aussi en revue les progrès réa-
lisés, au cours du siècle, dans l'exploitation et le chiffre de
rendement des autres produits miniers, métaux, matériaux
de construction, etc.; mais une pareille énumération exi-
gerait, pour être complète, des développements beaucoup
trop longs pour le cadre de notre travail.

Mis en possession de ce merveilleux moteur, la machine à vapeur, l'homme l'appliqua aux diverses industries, dans lesquelles il n'avait pu employer, jusqu'à ce
moment, que sa propre force musculaire ou celle des animaux.

En même temps, les arts mécaniques, grâce aux inventions de Vaucanson (1709-1782), et plus tard, de Jacquart
(1752-1834), en France, de Hargreaves, de Arkwright, de
Samuel Crompton, de Cartwright, en Angleterre, deve-
naient moins rudimentaires, et, au métier compliqué de

[1] *Monde économique*, 1891, 1er semestre, p. 3.
[2] Cauwès, *op. cit.*, t. 1, p. 579.
[3] *Ibid.*, t. I, p. 578.
[4] *Ibid.*, t. I, p. 579.
[5] *Ibid.*, t. I, p. 578.
[6] *Ibid.*, t. I, p. 578.
[7] *Bulletin de l'Office du travail*, avril 1898, p. 252.
[8] *Ibid.*, avril 1898, p. 252.

jadis, ils substituaient une machine simple et rapide, une
« vraie puissance travaillante »[1]. .

L'application des machines nouvelles et du grand
moteur apparut d'abord dans les industries textiles, qui
sont, à l'heure actuelle, les industries maîtresses des États
civilisés, et dont la valeur de la production annuelle, pour
le monde entier, est d'environ 17 milliards. La part de la
France y est estimée de 3 milliards à 3,500 millions[2].

C'est en Angleterre que la technique nouvelle fut
d'abord employée. Cette avance, prise par nos voisins sur
les autres nations, tenait à plusieurs causes. Le régime
corporatif avait peu à peu disparu, sans jamais avoir été
aboli législativement : le passage de la petite à la grande
industrie ne s'était pas opéré comme chez nous, sous la
tutelle gouvernementale ; la transition s'était faite sous
les auspices de l'aristocratie, apportant ses capitaux à
l'industrie, où elle entraîna peu à peu toutes les autres
classes, par une participation quotidienne au travail industriel.

La réunion fréquente du fer et de la houille dans le même
district diminuait le coût de production et venait compenser
la cherté de la main-d'œuvre. Le rapprochement, dans la
même contrée manufacturière, de l'industrie des machines
et de celle des textiles, facilitait les rapports entre cons-
tructeurs et fabricants, et permettait d'apporter sans cesse
de nouveaux perfectionnements au travail mécanique. Les
multiples débouchés offerts aux produits de la métropole
par son immense empire colonial, les aptitudes à la navi-

---

[1] Rossi, *Cours d'Économie politique*, t. III, p. 228.
[2] Cauwès, *op. cit.*, t. I, p. 587.

gation maritime, développées par la situation insulaire du
Royaume-Uni, peut-être, aussi, l'initiative et l'habileté de
l'ouvrier anglais, furent au nombre des causes le la supériorité de l'Angleterre dans les industries textiles.

Par une évolution naturelle, les machines s'appliquèrent,
d'abord, au travail du coton, dont la préparation et la transformation étaient les plus aisées à faire mécaniquement.

Le coton ne jouait, au siècle dernier, qu'un rôle fort
effacé dans les tissus. Son introduction en Europe était de
date assez récente. L'industrie se livrait, de préférence,
au travail de la laine et du lin.

L'importance du coton s'accrut avec les progrès du machinisme. L'histoire de sa fabrication est l'histoire même
de la naissance et des progrès de la grande industrie[1].

Manchester devint le centre principal de la fabrication
cotonnière ; en 1767, James Hargreaves inventa la spin-
ning jenny, qui filait huit fils. En 1769, Arkwright décou-
vrit la mulljenny, de vingt broches. Successivement, la
machine à filer fut portée à cent, deux cents et mille
broches. Le métier automate ou renvideur vint permettre
à trois ouvriers de faire l'ouvrage de plus de cinq cents
fileuses à la main. Tous ces ingénieux mécanismes, mus
d'abord au moyen de manèges, furent bientôt mis en mouvement par la vapeur.

Vers 1785, Cartwright, perfectionnant les découvertes
de Vaucanson, créa un métier à tisser, marchant à raison
de 100 à 150 coups par minute et pouvant, à la volonté de
l'ouvrier, s'arrêter d'une manière instantanée[2].

---

[1] Leroy-Beaulieu, *Le travail des femmes au dix-neuvième siècle*, pp. 24,
25, 26, 29.

[2] Cf. Schulze Gævernitz, *La grande industrie*, pp. 32 et sq.

En France, l'introduction de l'industrie cotonnière fut plus lente, malgré les efforts de Richard-Lenoir, qui vulgarisa chez nous la machine à filer d'Arkwright. Vers l'an IV, une filature de coton, mue par un moteur hydraulique, fut installée à Lépine, près d'Arpajon. En l'an IX, les hospices de Paris y envoyaient cent jeunes filles pour être élevées et formées au travail.

De 1803 à 1805, le Haut-Rhin vit se fonder six filatures. En 1812, le premier moteur à vapeur, employé pour la filature, fit son apparition à Mulhouse[1]. Le tissage mécanique fut encore plus tardif. L'Alsace, en 1825, ne comptait que 240 métiers. En 1848, la Seine-Inférieure possédait 7,794 métiers à tisser[2]. Dans le Nord, Lille, Roubaix, Amiens, Saint-Quentin, adoptèrent successivement le tissage mécanique, non seulement pour les tissus communs, mais aussi pour les étoffes façonnées.

Nous n'avons pas trouvé de renseignements bien précis sur l'importance qu'a prise, en France, l'industrie du coton. En 1834, le nombre de broches aurait été de 1 million et demi ; en 1844, de 3 millions et demi[3]. Après avoir atteint 6 millions et demi, il serait tombé à 4 millions et demi en 1875 et se serait relevé à 5,090 mille vers 1890[4]. La diminution du nombre des broches n'implique pas forcément un resserrement de la production ; elle est due à l'augmentation de la puissance productive des broches. Elle était de 50 % en 1844 ; elle atteint aujourd'hui 150 %, grâce au perfectionnement des mécanismes.

---

[1] Levasseur, *op. cit.*, t. I, p. 309.
[2] Leroy-Beaulieu, *op. cit.*, p. 30.
[3] Levasseur, *op. cit.*, t. II, p. 125.
[4] Cauwès, *op. cit.*, t. I, p. 590.

Le nombre des métiers mécaniques serait de 72,800, tandis que celui des métiers à bras, en majorité il y a une vingtaine d'années, ne serait plus que de 28,200[1].

Après l'industrie du coton, celles de la laine, du lin, du chanvre et de divers autres textiles eurent recours à la vapeur et aux machines. Pour la filature de la laine, la France possédait, en 1878, 2,650 mille broches, et en 1891, 3,150 mille : aussi est-elle toujours la première nation en ce qui concerne cette industrie. Nous avons été plus lents que les Anglais à adopter le tissage mécanique de la laine ; en 1866, sur 82 mille métiers, 28 mille seulement étaient mécaniques ; en 1891, nous possédions 44,500 métiers mécaniques contre 25 mille à bras[2].

Les industries linières (lin, chanvre et jute) sont en décroissance depuis quelques années, en France comme à l'étranger. La culture de ces plantes n'est plus rémunératrice. L'importation des chanvres russes, des textiles exotiques et la concurrence victorieuse du coton ont fait diminuer la production des toiles de lin et de chanvre ; la découverte du métier à filer, par Philippe de Girard, en 1810, n'est pas parvenue à maintenir la fabrication linière en face de ses redoutables adversaires. En 1867, par suite de la crise cotonnière, nous possédions 575 mille broches consacrées au chanvre et au lin ; en 1891, nous n'en avions plus que 560 mille, filant, en outre du lin et du chanvre, des textiles exotiques[3]. Enfin, pour le tissage, le même déclin est à signaler. En 1878, on trouvait, en

[1] Cauwès, *op. cit.*, t. I, p. 590.
[2] *Ibid.*, t. I, p. 592.
[3] *Ibid.*, t. I, p. 595.

France, 35 mille métiers à bras et 18 mille mécaniques ;
en 1891, il n'y avait plus que 21 mille métiers à bras ; le
nombre des métiers mécaniques était stationnaire ; 3 mille
d'entre eux étaient sans ouvrage.

Les machines ont aussi pénétré, mais plus lentement,
dans la fabrication de la soie. Le tissage fut révolutionné,
en 1804, par l'invention du métier Jacquart, qui fit, auto-
matiquement, le travail des « tireuses de lacs », travail des
plus pénibles, obligeant plusieurs femmes ou enfants à
rester courbés sous le métier du tisserand, et à tirer alternativement un ou plusieurs jeux de cordes, suivant l'importance du dessin [1].

La maladie, qui a ravagé les magnaneries depuis une
quarantaine d'années, a bien réduit la récolte de cocons ;
de 24 millions, en 1853, elle tomba à 4 millions en 1865 !
Depuis, elle s'est sensiblement relevée et a atteint 8 millions
en 1890, mais il a fallu, pour combler le déficit, faire
appel aux graines exotiques. La filature, solidaire de la
sériciculture, fut atteinte en même temps qu'elle : en 1875,
on comptait 500 filatures, renfermant 27 mille bassines ;
en 1888, il n'y avait plus que 300 filatures et 10,300 bassines ; actuellement, la diminution ne paraît pas devoir
s'arrêter [2].

Au contraire, le moulinage et le tissage ont moins souffert de la maladie du ver à soie, grâce à l'appoint fourni
par les grèges asiatiques. Les soieries françaises, quoique

---

[1] *Rapport de Costaz sur l'exposition de 1819*, p. 47, cité par Levasseur
op. cit., t. II, p. 312, note 3.
[2] Cauwès, *op. cit.*, t. I, p. 599.

la concurrence soit grande de la part de l'Italie, de l'Allemagne, de l'Angleterre, etc., ont une supériorité incontestable, surtout pour les riches étoffes. Malheureusement, la vulgarisation de la mode les délaisse aujourd'hui pour les étoffes unies de qualité inférieure et de fabrication étrangère. Lyon est, en France, le centre de la production des soieries. En 1827, on y trouvait 27 mille métiers[1]; en 1848, 50 mille; en 1890, 92 mille dont 20 mille mécaniques. La rubanerie, les tulles, etc., occupent 20 mille métiers à Saint-Étienne et à Saint-Chamond[2].

Nous passerons sous silence les autres industries se rattachant, de près ou de loin, à celles du vêtement, de l'ameublement ou du bâtiment; par exemple, les industries de la dentelle, des tapisseries, des cuirs, de la céramique, de la verrerie et des arts décoratifs en général.

Toutes sont plus ou moins tributaires du machinisme, et il n'est pas jusqu'à l'art de la confection qui n'ait été révolutionné par la mécanique nouvelle, sous la forme de machine à coudre, dès 1854[3].

Les autres industries, qu'il nous resterait à étudier, accordent, en général, moins d'importance au machinisme et à la vapeur que les précédentes.

Parmi les industries satisfaisant les besoins intellectuels se trouve celle du papier. Sa fabrication mécanique date environ de 1810. Aujourd'hui on le fabrique en grandes masses, séchées à la vapeur.

---

[1] Levasseur, *op. cit.*, t. I, p. 436.
[2] Cauwès, *op. cit.*, t. I, p. 599.
[3] Levasseur, *op. cit.*, t. II, p. 359.

La papeterie fait ordinairement usage de moteurs hydrauliques.

L'imprimerie emploie la presse mécanique à vapeur et la presse lithographique.

Dans les industries de l'alimentation, la meunerie s'exerce principalement avec des moulins à eau dans les vallées, et avec des moulins à vent dans les plaines. Seuls, les grands centres de production ou d'importation de blé se servent de moulins à vapeur. L'industrie sucrière, les distilleries, les brasseries, l'industrie des conserves, etc., emploient souvent les machines à vapeur. On peut en dire autant des industries de l'éclairage (gaz hydrogène découvert par Lebon, en 1789 ; bougies stéariques inventées par Gay-Lussac, en 1825 ; allumettes chimiques trouvées en 1832, etc.) et des industries chimiques, qui, depuis la création de la soude artificielle par Leblanc, au début du siècle, ont pris, en France, une grande importance.

Mais la vapeur et le machinisme n'ont pas seulement bouleversé le régime de la production, leur influence s'est aussi étendue à l'industrie des transports.

Sur terre, la locomotive s'est substituée aux chevaux, qui, déjà en 1804, traînaient sur des rails, primitivement en bois, ensuite en fer, les charriots dans les mines. Les chemins de fer servirent d'abord au transport des marchandises ; en 1825, à Londres, on créa des trains mixtes, dans lesquels le public fut admis. En 1828, Marc Séguin inventa la chaudière tubulaire, qui permet de produire de grandes quantités de vapeur dans un court espace de temps et diminue la perte de calorique.

Le 15 septembre 1830, on inaugura la première ligne

de chemin de fer, entre Liverpool et Manchester[1]. En 1890, le développement des réseaux du monde entier atteignait 600 mille kilomètres.

En France, la première ligne fut celle de Saint-Étienne, en 1828, qui ne fut ouverte au service des voyageurs qu'en 1832. Après bien des tâtonnements, la construction des grandes lignes était décidée en principe, vers 1842.

Voici quelles auraient été, à diverses époques, de 1840 à 1892, la longueur, en milliers de kilomètres, des grands chemins de fer français, et la quantité, en millions de tonnes, de marchandises transportées en petite vitesse par les voies ferrées d'intérêt général[2].

Années.........	1840	1852	1862	1872	1882	1892
Longueur kilométrique....	0,4	3,8	11,00	18,7	28,6	38,3
Marchandises transportées....		5,3	27,00	53,4	88,7	95,7

Ajoutons que, d'après l'Annuaire statistique de la France pour 1898[3], la longueur des voies d'intérêt général était, en 1896, de 41,178 kilomètres, transportant 104 millions de tonnes de marchandises.

Nous laisserons de côté l'exploitation des chemins de fer d'intérêt local, ainsi que le trafic par canaux et voies fluviales, dont l'importance est relativement faible, comparée à celle des grandes voies ferrées.

[1] Cauwès, op. cit., t. IV, p. 65.
[2] Bulletin de l'Office du travail, janvier 1894, p. 23.
[3] Annuaire statistique de la France, XVIIIe volume, 1898, p. 294.

La marine vit aussi, dans la machine à vapeur, un précieux auxiliaire ; successivement, après les inventions de Fulton, en 1808, on eut le bateau à roue, puis à hélice, mû par des machines dont la puissance augmente chaque jour ; il faut pourtant remarquer que la marine à voiles, du moins en ce qui concerne les navires marchands, est loin d'avoir été remplacée par la marine à vapeur.

Depuis de longues années, la marine de commerce française est en décroissance. De 1,003,679 tonneaux en 1883, dont 531,191 pour les bateaux à voiles, elle est tombée à 895,423 tonneaux en 1893, dont 498,841 pour les navires voiliers, et à 894,071 tonneaux en 1896, dont 503,677 pour les bâtiments à voiles[1].

Dans l'agriculture, l'emploi de moteurs à vapeur et de machines n'a pas encore réalisé de grands progrès, soit à cause de l'esprit de routine, soit par suite du prix élevé de ces engins. Mais il est permis de croire que, grâce à la formation de riches et nombreux syndicats agricoles, le machinisme conquerra aussi cette branche importante de notre activité nationale.

L'électricité, que l'on applique au télégraphe depuis la découverte d'Ampère, en 1822, au téléphone inventé par Bell, en 1876, à la galvanoplastie créée par Spencer, en 1837, n'est encore qu'imparfaitement connue comme force motrice. Sans doute, on l'utilise pour l'éclairage, pour le traitement de certains minerais, aluminium, carbure de calcium, etc., pour le transport de marchandises ou de personnes, tramways électriques, automobiles, etc., ou pour le transport à grande distance des forces naturelles,

---

[1] *Annuaire statistique de la France,* année 1898, p. 176.

des chutes d'eau dans les montagnes, ou des rivières (comme le fait la Société des forces motrices du Rhône); mais dans tous ces cas, l'électricité n'est pas directement la productrice de l'énergie; sa mise en œuvre exige la présence d'une force motrice quelconque : vapeur ou eau. L'électricité n'est qu'un sous-agent, un intermédiaire. Il est à présumer que, dans un temps prochain, l'électricité arrivera à supplanter la houille, dont les gisements ne sont, d'ailleurs, pas inépuisables.

En terminant, nous croyons devoir montrer, par quelques renseignements statistiques, l'importance qu'a prise, au cours du dix-neuvième siècle, l'emploi du grand moteur à vapeur. Le tableau ci-dessous nous indique, pour différentes époques, le nombre des établissements industriels, autres que ceux des chemins de fer et de la navigation, possédant des appareils à vapeur et la puissance de leur moteur en chevaux-vapeurs. Les évaluations, pour les deux catégories, sont faites en milliers d'établissements et de chevaux.

Années.....	1820[1]	1830[1]	1840[2]	1847[3]	1852[2]	1862[2]	1872[2]	1882[2]	1892[2]	1893[4]	1894[4]	1895[4]	1896[4]
Nombre d'établis[ts]..	0,065	0,625	3,2	4,8	6,5	15,00	23,4	37,5	47,7	49,03	50,18	51,45	52,97
Nombre de chev.-vap[r]..		10,00	34,3	61,6	75,5	205,6	338,3	611,8	965,9	1024,01	1072,4	1163,2	1262,6

[1] Levasseur, op. cit., p. 445.
[2] Bulletin de l'Office du travail, janvier 1894, p. 23.
[3] Levasseur, op. cit., t. II, p. 123.
[4] Annuaire statistique de la France, 1898, pp. 188-189.

CHAPITRE II

ROLE DE LA FEMME DANS L'INDUSTRIE

En même temps qu'elle facilitait la multiplication des produits, la machine faisait subir de profondes modifications au régime de l'industrie et à la condition des travailleurs. Le nouvel instrument de travail était coûteux; à la différence des moteurs anciens qui étaient presque gratuits, le moteur à vapeur était d'un prix élevé ; sa mise en œuvre, son chauffage, son entretien et son amortissement venaient grossir les frais généraux de l'entreprise et atténuer, dans une certaine mesure, les avantages nés d'une plus grande production, en mettant obstacle à une baisse de prix encore plus considérable.

Pour tirer des machines tout le parti possible, on eut avantage, au point de vue de l'économie et de la surveillance, à les installer dans de vastes usines dont la création exigeait de gros capitaux, l'appel à l'association et au crédit. De là, le développement des sociétés anonymes et du patronat collectif.

Ces usines se concentrèrent dans les villes et les ports ou se rapprochèrent des bassins houillers et métallurgiques. Par la prépondérance croissante qu'elles accordaient au capital fixe et par leur grande facilité de production, elles réduisirent bien vite à l'impuissance le chef du petit atelier autonome, qui ne pouvait, faute de ressources suffisantes, lutter contre elles[1].

Enfin, la naissance de ces grandes usines sur divers points du territoire entraîna la constitution de fortes agglomérations de travailleurs, de vastes centres industriels, où la main-d'œuvre augmenta chaque jour. Il en résulta de profondes modifications dans l'organisation du travail.

C'est l'augmentation de la main-d'œuvre et son régime que nous nous proposons d'étudier dans les deux sections suivantes, particulièrement en ce qui concerne les femmes.

Dans la première section, nous rechercherons les causes de l'accroissement du nombre d'ouvrières employées dans les manufactures.

Dans la deuxième section, nous examinerons l'organisation du travail industriel de la femme.

---

[1] Cependant, on peut espérer que la reconstitution du petit atelier sera possible un jour par l'emploi généralisé du transport de force électrique à domicile. L'électricité produite par une chute d'eau ou par le vent coûte bien moins cher et est plus divisible que la vapeur.

PREMIÈRE SECTION

CAUSES DE L'AUGMENTATION DE LA MAIN-D'ŒUVRE FÉMININE.

On entend souvent répéter, de nos jours, sous forme d'axiome : « La machine chasse l'ouvrier. » Et, ceux qui ont émis cette proposition, qui embrasse indistinctement les travailleurs des deux sexes, d'ajouter comme démonstration : « La machine n'est qu'un outil perfectionné ; sa seule raison d'être réside dans une notable économie de temps et de main-d'œuvre, pour l'élaboration d'un produit. Si donc, un patron peut faire mécaniquement, avec 90 ouvriers, un travail qui, à la main, exige la coopération de 100 individus, il n'hésitera pas à en congédier 10, pour réaliser un bénéfice sur leurs salaires. Le machinisme aura ainsi fait dix nouvelles victimes [1]. »

Malgré ses allures scientifiques, ce raisonnement est contredit par les faits. Sans doute, l'invention d'une machine nouvelle implique, dans l'organisation du travail, des transitions pénibles, affectant quelques individus, si l'évolution est lente, parfois même des groupements entiers, si le changement est brusque, et lorsque l'ouvrier ne peut pas facilement changer de condition.

Mais si, mettant à part quelques cas particuliers de souffrances plus ou moins vives ou plus ou moins longues,

---

[1] *Journal des Économistes,* 5ᵉ série, t. XXXIII, février 1898, p. 233.

on considère l'ensemble des industries, on est obligé
de reconnaître que la machine, bien loin de chasser
l'ouvrier, a, au contraire, fait augmenter la main-
d'œuvre.

La statistique montre que les nations qui ont le plus
grand nombre de machines sont aussi celles où la population est la plus dense, et où son accroissement est le plus
rapide. Témoin, l'Angleterre et les États-Unis. L'Angleterre possédait, en 1850, environ 1,300 mille chevaux-
vapeur ; en 1890, elle en avait 9,500 mille. En même
temps, sa population de 27,700 mille habitants en 1850,
passait, en 1890, à 38,100 mille habitants. Aux États-Unis,
de 1860 à 1890, la force mécanique a quadruplé, la population a doublé, ainsi que le pourcentage des ouvriers[1]. En
France, où le développement du machinisme fut plus lent,
la population a, de même, peu progressé. De 34,200 mille
habitants en 1840, elle a atteint 38,300 mille en 1896.

On ne possède malheureusement pas de données générales et rigoureusement certaines sur le nombre d'ouvriers employés dans l'industrie, sauf pour ceux travaillant
dans les houillères et les manufactures de l'État. Pour les
autres, on en est réduit aux conjectures. Un indice plus
sûr est l'accroissement constant de la production des
matières premières. Nous avons vu, dans le chapitre pré-
cédent, que le rendement des mines de charbon est aujour-
d'hui huit fois plus grand qu'en 1840, sans pouvoir cepen-

[1] *Journal des Économistes*, 5e série, t. XXXIII, février 1898, p. 233. Il
faut noter qu'aux États-Unis, l'immigration a eu une large part dans
l'augmentation du nombre des habitants et surtout dans celle des
ouvriers.

dant satisfaire la consommation; celui du fer est six fois plus fort aujourd'hui qu'au milieu de ce siècle, etc.

Les deux industries, du fer et du charbon, jadis peu florissantes, n'ont pu voir leur production progresser sans que le nombre de leurs ouvriers s'élevât dans une notable proportion.

Ainsi, pour les houillères, le tableau suivant nous montre l'augmentation du personnel employé de 1840 à 1896, évalué en milliers de têtes :

Années..	1840[1]	1850[1]	1860[1]	1870[1]	1880[1]	1890[1]	1891[1]	1892[2]	1893[2]	1894[2]	1895[3]	1896[3]
Milliers d'ouvriers	15	32	56	83	102	108	132	133	133	135	137	140

Pour les autres industries, nous n'avons pu trouver de tableaux d'ensemble permettant une évaluation exacte du nombre de travailleurs employés à différentes périodes.

En se basant sur le chiffre de la population, on trouve que la France comprenait, en 1789, 26,364 mille habitants, dont 5,709 mille seulement pour les villes de plus de 3,000 âmes[4]. En 1859, il y avait, en France, 36 millions d'habitants, dont 9,100 mille pour les villes. Ainsi, tandis que la population totale n'augmentait que d'un tiers à peine, en soixante ans, l'agglomération, dans les villes, doublait presque. Il faut ajouter que la période qui s'étend de 1836 à 1846, et pendant laquelle la grande industrie prit

[1] Bulletin de l'Office du travail, mars 1895, p. 178.
[2] Ibid., mars 1896, p. 159.
[3] Ibid., mars 1898, p. 166.
[4] Levasseur, op. cit., t. 1, p. 20.

un essor plus grand, grâce à la création du réseau de chemins de fer, est marquée aussi par une augmentation de 2 millions d'habitants, dans les villes de plus de 3,000 âmes[1]. En 1866, la France comptait 37,372,000 habitants[2].

De même, aujourd'hui, on peut se rendre compte, approximativement, du développement de la population industrielle, par la densité des habitants, par kilomètre carré[3]. En 1896, la France contenait 38,517,975 habitants. La densité moyenne était de 71,8 par kilomètre carré.

La Seine avait une densité de 6,966,6, le Rhône de 293,5, le Nord de 313,8, la Loire de 130,2, les Bouches-du-Rhône de 128,4, etc.

Dans les régions agricoles ou commerciales, la densité était bien moins forte. De 92,7 pour la Loire-Inférieure et de 75,5 pour la Gironde, elle tombait à 41,9 pour la Côte-d'Or, à 39,8 pour le Gers, à 31,2 pour les Landes, à 20,1 pour les Hautes-Alpes et à 16,9 pour les Basses-Alpes.

D'après M. Cauwès[4], le chiffre total des ouvriers des deux sexes, non compris les employés de commerce et les travailleurs agricoles, était, en 1891, de 3,300 mille. En 1859, la France comptait 52,9 °/₀ d'agriculteurs sur une population de 36 millions d'habitants; aujourd'hui on en compte à peine 47,8 °/₀ sur plus de 38 millions d'habitants. La différence s'est reversée sur le pourcentage industriel, qui dépasse 25,2. En Angleterre et en Belgique, pays

[1] Levasseur, *op. cit.*, t. II, p. 177.
[2] *Ibid.*, t. II, p. 365.
[3] *Annuaire statistique de la France*, 1898, pp. 5 et suiv.
[4] Cauwès, *op. cit.*, t. I, p. 62.

essentiellement manufacturiers, la progression est bien plus élevée, pour l'industrie elle dépasse 55 %[1].

Suivant M. Fournière, l'industrie française occuperait 3,319,217 ouvriers sous les ordres de 1,021,659 patrons[2].

Un rapport de la direction du commerce intérieur évaluait, en 1895, le chiffre des travailleurs industriels à 3 millions, répartis entre 267,906 établissements[3].

Plus modestes, les inspecteurs du travail se contentaient, à la même époque, de fixer le chiffre des ouvriers à 2,500 mille, occupés dans 256,744 ateliers[4].

Ce nombre serait, pour l'année 1897, de 2,591,288 ouvriers, travaillant dans 290,305 fabriques[5]. L'augmentation du personnel aurait donc été, de 1894 à 1898, de 91,288 et celle des usines, pendant la même période, de 43,561[6].

Dans cet accroissement constant du nombre des salariés, la part revenant à la main-d'œuvre féminine est plus considérable qu'on ne le croirait de prime abord. Le reproche fait au machinisme, d'expulser l'ouvrier, peut même trouver là une sorte de justification, à condition que l'on précise et que l'on complète le dicton populaire.

Au lieu de dire simplement : la machine chasse l'ouvrier, ce qui, nous l'avons vu, est faux, quand on entend par

---

[1] Cauwès, *op. cit.*, t. III, p. 412.
[2] *Revue socialiste*, août 1898, p. 193.
[3] *Bulletin de l'Office du travail*, novembre 1895, p. 644.
[4] *Ibid.*, août 1895, p. 466.
[5] D'après les inspecteurs, l'augmentation est de deux ouvriers pour une fabrique nouvelle. Peut-être, faut-il voir dans cette faible proportion de l'accroissement de la main-d'œuvre, comparé à celui du nombre des établissements, un premier effet de la reconstitution des petits ateliers, dont nous avons parlé plus haut (p. 25).
[6] *Bulletin de l'Office du travail*, février 1899, p. 143.

ouvrier l'ensemble des travailleurs des deux sexes, il faut émettre en axiome que :

De nos jours, grâce aux progrès des arts mécaniques, on a une tendance de plus en plus marquée, dans l'industrie, à remplacer l'homme par des êtres plus faibles, notamment par la femme.

Nous voudrions pouvoir appuyer cette proposition sur des documents nombreux et successifs. Malheureusement ils font défaut pour la plus grande partie des industries françaises.

D'une enquête faite, de 1839 à 1845, par le bureau de Statistique générale, sur les établissements industriels de la Seine, il ressort que la moyenne des femmes employées dans les manufactures était de 11 %, celle des enfants de 15 %.

En 1860, une nouvelle enquête donna une proportion de 13 % pour les femmes et de 11 % pour les enfants[1]. A la même époque, la Chambre de commerce, confondant sous un même intitulé les employés de fabrique et les employés de commerce, trouvait 26 % de femmes et 6 % d'enfants. Il fut reconnu plus tard que son enquête avait été mal faite[2].

En 1891, l'Office du travail, séparant soigneusement les ouvriers des employés, a constaté dans les usines de la Seine, la présence de 20 % de femmes et de 6 % d'enfants[3].

Une nouvelle enquête, faite en 1893 dans la même

[1] *Bulletin de l'Office du travail,* août 1894, pp. 402-403.
[2] *Ibid.*
[3] *Ibid.*

région et portant toujours sur la grande industrie, a donné 24 % de femmes et 9 % d'enfants[1].

Ainsi donc, les manufactures de la Seine, qui, il y a soixante ans environ, n'employaient que 11 % de femmes contre 74 % d'hommes, en occupent de nos jours 24 % contre 67 % seulement d'ouvriers mâles.

D'après les rapports adressés annuellement au Président de la République, par la Commission supérieure du travail, sur l'application de la loi de 1892, il y avait, en 1894, sur un total de 2,500 mille ouvriers employés en France dans la grande industrie, 529,178 femmes ou filles majeures de dix-huit ans[2]. En 1897, sur 2,591,288 ouvriers, il y avait 600,408 femmes ou filles âgées de plus de dix-huit ans[3].

Ainsi, en quatre années, le chiffre total des ouvriers n'augmentait que de 91,288, pendant que celui des femmes adultes croissait de 81,230 ; la progression était toute à leur profit, puisqu'elle atteignait près de 90 % du nombre total.

Suivant une enquête faite, en 1894, par l'Office du travail, sur la condition des ouvriers dans les départements autres que ceux de la Seine, il y aurait dans les mines 3 % de femmes seulement[4]. Ce chiffre a dû augmenter depuis 1894, car, à cette époque, on trouvait 3,700 femmes employées aux travaux extérieurs[5] ; en 1896, leur nombre arrivait à 5,189 adultes, d'après un tableau

[1] *Salaires et durée du travail dans l'industrie française*, t. I, Seine, pp. 354-355.
[2] *Bulletin de l'Office du travail*, août 1895, p. 466.
[3] *Ibid.*, février 1899, p. 143.
[4] *Salaires et durée du travail dans l'industrie française*, t. II, Départements, p. 494.
[5] *Bulletin de l'Office du travail*, mars 1896, p. 218.

dressé par le Ministère des Travaux publics sur l'industrie houillère [1].

Dans les briqueteries, il y a 25 % de femmes employées ; dans les cristalleries, 15 % [2]. Dans la métallurgie, la proportion des femmes varie de 4 à 13 % [3] ; dans l'ébénisterie, dans les scieries, etc, il n'y a que 3 % de femmes. Dans les industries chimiques, pharmacie, parfumerie, etc., on trouve 25 % de femmes [4] ; la papeterie en occupe 44 % ', l'imprimerie 38 % [5].

Dans les industries de l'alimentation, la femme ne figure que pour 10 % de l'effectif [6] ; dans les fabriques de conserves, elle dépasse 25 % [7], etc.

Mais c'est surtout dans l'industrie de l'habillement, (textiles et confections, toilettes et lingerie, etc.), et dans celle de la confiserie, que le personnel féminin l'emporte sur le personnel masculin.

En 1873, M. Leroy-Beaulieu estimait que 400 à 450 mille femmes étaient employées, en France, dans les manufactures de coton, de laine, de lin et de soie, et, ajoutait-il, on peut prévoir que dans un temps rapproché, ce nombre sera à peu près doublé par le développement de plus en plus grand du travail mécanique [8].

Depuis lors, et malgré l'absence de toute statistique officielle, on peut dire que sa prédiction s'est réalisée.

---

[1] *Bulletin de l'Office du travail,* mars 1898, p. 166.
[2] *Salaires et durée du travail,* t. III, Départements, p. 519.
[3] *Ibid ,* t. III, Départements, p. 477.
[4] *Ibid.,* t. II, Départements, p. 594.
[5] *Ibid.,* t. II, Départements, p. 610.
[6] *Ibid.,* t. II, Départements, p. 569.
[7] *Ibid.,* t. II, Départements, p. 569.
[8] Leroy-Beaulieu, *Travail des femmes au dix-neuvième siècle,* p. 36.

Si, par suite de diverses crises, qui ont, tour à tour, apporté la perturbation dans l'industrie du coton et de la soie, la marche ascendante du nombre de femmes employées s'est arrêtée, et a même reculé à 335 mille en 1886[1], le déclin a été encore plus rapide pour les hommes, dont l'effectif, dans les textiles, n'était que de 304 mille à la même date.

Dans les diverses industries du vêtement, l'écart est encore plus considérable : en 1886, il y aurait eu 433 mille femmes pour 131 mille hommes. Cette proportion, en faveur de la main-d'œuvre féminine, s'est maintenue depuis. En 1893, dans le tissage des textiles proprement dits, il a eu plus de 57 % de femmes ; dans ceux de la soie, 80 % ; dans les diverses filatures, 75 % ; dans la lingerie, 90 % ; dans la confection, 75 %[2]. A Paris, la broderie occupait 81 % de femmes ; les modes, 72 % ; les corsets, 94 % ; les couvres-pieds, 80 % ; la blanchisserie de linge, 74 % ; les couronnes de perles, 91 % ; les fleurs artificielles, 59 % ; la ganterie, 57 %, etc. Dans les confiseries, chocolateries, on trouvait 57 % de femmes ; dans les fabriques d'encre, 54 % ; dans le brochage, 80 %, etc[3].

L'enquête faite en 1893, par l'Office du travail, a révélé que la femme se livre, tantôt à des travaux qui sont mieux appropriés à sa nature, et dont l'ouvrier est totalement écarté, tantôt à des ouvrages, qui sembleraient devoir convenir plutôt à des hommes, et dont, peu à peu, ils perdent le monopole[4].

---

[1] Cauwès, *op. cit.*, t. III, p. 156.
[2] *Salaires et durée du travail*, t. II, Départements, pp. 636-644.
[3] *Ibid.*, t. I, Seine, pp. 342-355.
[4] *Ibid.*, t. I, Seine, p. 516.

Aussi, M. Cauwès admet-il que, dans l'ensemble des industries, la part des femmes est à peine inférieure (49,6 %, y compris les filles mineures) à celle des hommes (50,4 %, y compris les jeunes ouvriers)[1].

Ajoutons que, dans les manufactures de l'État, on trouve : dans les tabacs, 1,446 hommes et 13,674 femmes, soit, pour celles-ci, une proportion de 90 % sur tout le personnel ; dans les fabriques d'allumettes, 676 hommes et 1,444 femmes, soit un rapport de 68 %. Dans les chemins de fer, il n'y a que 19,037 femmes pour 138,587 ouvriers, soit une proportion de 12 % seulement[2].

On observe aussi, à l'étranger, un mouvement identique dans l'augmentation du nombre de femmes employées par la grande industrie.

En Angleterre et dans le pays de Galles, il n'y avait, en 1881, que 3,405 ouvriers par chaque 10 milliers de femmes ; en 1891, il y en avait 3,442 sur 10,000[3].

Aux États-Unis, il y avait, en 1890, 4,064,144 hommes occupés dans les usines, et 1,027,525 femmes. Le nombre des ouvrières avait crû de 190,25 % de 1870 à 1890, dont 62,87 % de 1880 à 1890, pendant que celui des ouvriers n'avait augmenté que de 93,69 % de 1870 à 1890, dont 46,1 % pour les dix dernières années[4].

D'après un rapport, paru en 1895, au Reichsanzeiger, l'augmentation des ouvrières est constante en Prusse. En Saxe, le nombre des ouvriers adultes a passé, de 1894 à 1895, de 404,010 à 420,499; celui des femmes adultes, de

---

[1] Cauwès, *op. cit.*, t. III, p. 156.
[2] *Bulletin de l'Office du travail,* octobre 1896, p. 621.
[3] *Ibid.*, mars 1894, p. 144.
[4] *Ibid.*, novembre 1895, p. 667.

204,524 à 214,798. Ici, encore, la progression est plus rapide pour les femmes que pour les hommes[1].

Nous pouvons donc, bornant là nos exemples, affirmer que le machinisme attire beaucoup plus de bras aujourd'hui qu'il y a cent ans, et qu'il les recrute de plus en plus parmi les femmes.

La puissance productive de l'industrie manufacturière, se développant toujours, grâce au régime de la libre concurrence et au perfectionnement des engins mécaniques, a permis de satisfaire des besoins toujours plus variés, et a pu, par suite du bon marché, procurer du bien-être à un nombre toujours plus grand de consommateurs. Mais, pour cela, il a fallu multiplier le nombre des ouvriers.

Nous avons vu, précédemment, que la création des usines avait bientôt réduit au rang de salarié le petit producteur autonome, qui ne trouvait plus, dans les cadres brisés de la corporation, l'appui et les ressources nécessaires, pour soutenir la lutte contre la grande industrie.

Il vint alors grossir les rangs des ouvriers dans la manufacture, et se soumettre aux exigences du patronat anonyme.

De plus, la naissance de vastes agglomérations de travailleurs, où chacun était libre d'entrer depuis la suppression des maîtrises, exerça une sorte de mirage sur l'habitant des campagnes, jadis plus ou moins attaché à la terre. Le travail industriel lui parut plus facile, mieux rémunéré que celui des champs; les jouissances de la vie bien plus vives dans les cités. Pour lui, l'homme qui reçoit un salaire à date fixe, l'homme dont la peine est de suite

---

[1] *Bulletin de l'Office du travail,* octobre 1896, pp. 627-631.

récompensée, est plus heureux que celui qui doit compter avec une mauvaise récolte toujours possible, ou les ravages de l'invasion ennemie ; et ainsi, s'explique l'accroissement de l'exode des populations rurales vers les villes, provoqué par les progrès de l'industrialisme moderne.

Enfin, à toutes ces causes d'augmentation de la main-d'œuvre est venue s'ajouter la *despécialisation du travail*[1], particulièrement dans les industries textiles[2].

Dans le petit atelier corporatif, on ignorait ce que nous appelons la division du travail. Chaque ouvrier devait, pour élaborer un produit, suivre la matière première dans toutes ses transformations. Ainsi spécialisé, son travail exigeait de lui une capacité technique, que seule pouvait lui donner une longue pratique professionnelle.

Quand apparut le moteur à vapeur, on substitua à l'atelier de famille l'atelier collectif, où la coopération complexe supposa le travail parcellaire. L'ouvrier, confiné dans une occupation simple et toujours répétée, n'a plus besoin d'exercer longtemps, pour posséder l'habileté nécessaire à son métier. Nous ne chercherons pas à justifier le reproche adressé à l'extrême division du travail, d'atrophier peu à peu les facultés intellectuelles d'un individu, qui ne voit jamais un produit sortir achevé de ses mains. Certainement, comme a dit J.-B. Say, « c'est un triste témoignage à se rendre, que de n'avoir jamais fait que la dix-huitième partie d'une épingle »[3], surtout quand, à chaque nouveau progrès, l'ouvrier voit réduire sa fonction industrielle ; mais il semble que, pour l'ouvrier, on a un

---

[1] Paul de Rousiers, *La question ouvrière en Angleterre*.
[2] Cependant la despécialisation est moins forte dans l'industrie des soieries, que dans celle du coton ou du lin, par exemple.
[3] Cauwès, *op. cit.*, t. I, p. 376.

peu exagéré les inconvénients, de cette période de transformation du machinisme.

En tous cas, dans la production mécanique, l'ouvrier
n'est plus nécessairement un professionnel ; un simple
manœuvre, sans connaissances spéciales du métier, suffit
à la mise en marche d'une machine ; ce qui le prouve bien,
c'est la désuétude à peu près complète, dans laquelle est
tombé le contrat d'apprentissage, autrefois minutieuse-
ment réglementé.

Mais, si la division du travail a amené sa despécialisation, elle a exigé, en même temps, la coopération complexe
et simultanée de plusieurs individus, livrés à un travail
parcellaire, pour confectionner un produit, qu'autrefois
un seul artisan élaborait à la main. Ce n'est que grâce au
concours d'un plus grand nombre d'ouvriers, que les engins mécaniques ont permis de produire plus vite et moins
cher. Le tableau ci-dessous, dressé en 1894, par M. Caroll
D. Wright, à la demande du Congrès américain, sur la
différence de la production à la main et à la machine,
vient à l'appui de notre affirmation [1] :

PRODUITS.	FABRICATION A LA MAIN.				FABRICATION A LA MACHINE.			
	Nombre d'ouvriers employés.	Nombre d'heures.	Prix de revient total en dollars	Prix de revient par heure et par ouvriers [2]	Nombre d'ouvriers employés.	Nombre d'heures.	Prix de revient total en dollars	Prix de revient par heure et par ouvrier [2]
10 charrues........	2 hom.	1.108,00	54,46	0,025	52 hom.	37,08	7,90	0,004
100 registres........	3 hom.	1.272,00	219,79	0,05	20 hom.	245,00	69,97	0,01
100 chaussures......	1 hom.	2.225,00	556,24	0,25	146 hom.	296,00	74,39	0,0018
100 rames papier(tracé)	1 fem.	4.800,00	400,00	0,08	2 fem.	2,45	0,85	0,18

[1] *Revue socialiste,* mars 1899, p. 366.
[2] L'enquête ci-dessus ne contient pas, dans son tableau, les chiffres

Ainsi donc, le machinisme a rendu la production plus abondante, en a diminué le prix de revient par l'augmentation de l'intensité du travail.

D'autre part, il a procuré de l'ouvrage à un plus grand nombre d'individus, que le défaut de capacité technique avait jusque-là écartés de l'usine.

De nos jours, une nouvelle transformation s'opère dans l'industrie ; au lieu d'un travail parcellaire, poussé à l'extrême, obligeant l'ouvrier à une besogne monotone et sédentaire, la fabrication automatique recompose peu à peu elle-même le travail. L'ouvrier n'a plus besoin de se tenir à la disposition de la machine, et de lui être assujetti. En d'autres termes, le travail morcelé et peu intelligent de jadis a fait place à un travail, où les qualités morales jouent un plus grand rôle que l'adresse. La mécanique moderne demande surtout de la surveillance, de l'attention dans la direction des engins, de la précision et de l'assiduité[1]. La machine tend, de plus en plus, à devenir l'esclave de l'ouvrier[2].

Cette dernière étape, atteinte par les perfectionnements des arts industriels, va marquer le triomphe définitif de la femme sur l'homme, dans la lutte pour la prédominance de leur main-d'œuvre respective[3].

La lutte n'a pris de l'importance que du jour où la

---

portés dans la dernière colonne. Nous les avons recherchés, pour connaître le coût de production par ouvrier et par heure de travail. On voit que, sauf pour les rames de papier, ce coût est bien abaissé dans la fabrication mécanique. Malheureusement, M. Caroll est muet sur la part afférente au salaire, dans les différents prix de revient.

[1] Cauwès, *op. cit.*, t. I, p. 378.
[2] *Ibid.*, t. I, p. 384.
[3] *Ibid.*, t. III, pp. 103 et 156.

liberté du travail fut proclamée, et où le machinisme fit son apparition. Sans doute, l'Ancien Régime avait bien connu certaines corporations exclusivement composées d'ouvrières, s'occupant spécialement de la fabrication des tissus de soie. Leurs ateliers communs étaient beaucoup plus restreints que ceux d'aujourd'hui, et se rencontraient surtout dans les villes, comme de nos jours[1]. Mais en dehors de ces quelques fabriques, la femme avait à compter avec la concurrence de l'homme pour des travaux, (par exemple, le tissage, le tricotage, etc.,) qui, par la nature de leurs engins, exigeaient un grand déploiement de force musculaire.

L'ouvrière — car, contrairement à l'opinion de Michelet, le mot n'est pas nouveau, et ne date pas seulement du dix-neuvième siècle, — avait aussi à redouter le filage à la quenouille et au rouet, dont chaque maison, peut-on dire, était pourvue, pour la fabrication des étoffes de lin ou de chanvre, (le coton étant presque inconnu,) nécessaires à la consommation domestique. Il en était de même pour la filature de la laine, particulièrement dans les campagnes, dont les habitants n'étaient vêtus que de bure grossière. Quant au tissage, il faisait partie du domaine presque exclusif de l'homme.

Les occupations laissées aux femmes étaient trop peu nombreuses, et ne se trouvaient pas proportionnées à leurs besoins ; souvent même, il leur avait fallu subir des vexations stupides, de la part des autorités publiques. Ainsi, en 1640, le Parlement de Toulouse, sous prétexte que la

---

[1] Leroy-Beaulieu, *Le travail des femmes au dix-neuvième siècle*, p. 16.

dentelle enlevait trop de femmes aux occupations domestiques, défendit le travail du carreau dans l'étendue de son ressort; le Père François Régis plaida la cause des ouvrières, que cet arrêt privait de pain, et réussit, en la gagnant, à ramener la prospérité parmi des centaines de mille femmes[1], qui eurent, plus tard, un précieux auxiliaire dans le tambour à broder, importé de Chine vers 1750.

Le mécontentement des femmes n'en était pas moins grand, et l'on vit paraître, en 1789, quelque temps avant la réunion des États Généraux, la Pétition des femmes du tiers état au Roi, dans laquelle elles réclamaient, pour leur sexe, le droit de travailler sans entrave, et demandaient que tous les métiers, qui consistent à coudre, filer, tricoter, leur fussent exclusivement réservés.

Et, comme le fait très bien remarquer M. Leroy-Beaulieu, à qui nous empruntons ces détails, « devant le monde nouveau qui allait s'ouvrir, le premier cri des femmes était, non pas pour répudier, mais pour invoquer du travail, non pour décliner et repousser le nom d'ouvrière, mais pour le revendiquer et s'en faire un titre d'honneur[2] ».

L'évolution politique et économique de la fin du siècle dernier vint, à défaut du pouvoir royal, leur apporter satisfaction.

Le jour où le machinisme eut despécialisé le travail, où, à la vigueur musculaire et aux connaissances techniques,

---

[1] Leroy-Beaulieu, *Le travail des femmes au dix-neuvième siècle*, p. 21.
[2] Leroy-Beaulieu, *op. cit.*, p. 23.

furent substituées l'assiduité et la vigilance, la femme eut sa place marquée à l'atelier.

Plus la mécanique automatique se perfectionne, plus le rôle de la femme, dans l'industrie, prend d'importance. L'ouvrière succède ainsi au simple manœuvre du début de l'ère des machines, car la femme est généralement plus agile[1], son intelligence est susceptible d'une plus longue attention, et son caractère est plus soumis[2]. Toutes ces qualités expliquent l'expulsion progressive de l'homme hors des usines, où, récemment encore, il était seul à travailler.

Le patronat a un autre intérêt à employer la femme de préférence à l'homme. Dans la lutte qu'il a à soutenir contre les industries similaires, l'entrepreneur est obligé de diminuer, chaque jour davantage, ses frais généraux, afin de livrer ses produits au meilleur marché possible. La femme, se contentant d'un salaire inférieur à celui de l'homme, va avoir sur ce dernier la préférence du patron, et tandis que l'ouvrier verra l'usine se fermer pour lui, l'ouvrière y trouvera un nouveau débouché à son activité.

On peut se demander pourquoi le salaire de l'homme est presque toujours supérieur à celui de la femme, même à travail égal[3]. Cet écart ne saurait être attribué à la différence des besoins : car ce ne sont pas les nécessités de la vie qui déterminent le taux du salaire ; au contraire, c'est le

[1] *Revue socialiste,* mars 1886, p. 199.
[2] *Bulletin de l'Office du travail,* octobre 1896, p 627 : extrait d'un rapport prussien paru au Reichsanzeiger.
[3] *Salaires et durée du travail,* t. III, Départements, p. 510. Dans la taille des pierres précieuses, la femme gagne autant que l'homme.

salaire qui est la cause et la règle des besoins, et qui leur permet de se développer et de se multiplier. D'ailleurs, la différence des besoins, pour les deux sexes, n'existe guère pour le logement, le vêtement, le chauffage. Reste la nourriture ; en admettant qu'ici, les besoins de la femme soient d'un sixième moindres que ceux de l'homme, on n'arrive pas à expliquer la grande infériorité, souvent constatée, du salaire de la femme[1]. Ainsi, dans les fabriques d'amidon, l'homme gagne en moyenne 4 fr. 60, la femme 2 fr. Dans les fabriques de conserves, l'homme touche 6 fr. 80, la femme 2 fr. 30 ; dans l'imprimerie, 7 fr. 10 et 3 fr. 55 ; dans les usines de feutres, 6 fr. 15 et 2 fr. 60, etc.[2].

On a prétendu que « la femme est rarement un être isolé, se suffisant à elle-même ; aux divers âges de la vie, elle est généralement soutenue par son mari, son père, son fils ; quelquefois aussi, elle cherche un soutien dans le vice, si son métier ne peut subvenir à la totalité de ses frais d'existence »[3]. Ces réflexions renferment une part de vérité. Mais on oublie qu'il y a aussi des veuves et des orphelines, qui souvent doivent entretenir des enfants, de vieux parents infirmes. Et pourtant ces considérations ne sont d'aucun poids dans la fixation de leur salaire.

Il est certain que pour le travail à domicile, comprenant certaines tâches élégantes, la tapisserie, la broderie, la décoration etc., la dépréciation s'explique aisément. Les femmes qui s'y livrent ayant, en général, d'autres ressources assurées, se contentent d'une faible rémunération, qu'elles

---

[1] Leroy-Beaulieu, *Le travail des femmes au dix-neuvième siècle*, p. 132.
[2] *Salaires et durée du travail*, t. 1, Seine, p. 342.
[3] Leroy-Beaulieu, *Traité d'Économie politique*, t. II, pp. 341 et 342.

considèrent comme un appoint destiné à donner un peu
de confortable à leur ménage, ou de raffinement à leur
toilette [1].

On peut dire aussi que les travaux plus modestes de
la couture, de la lingerie, des confections, faits, soit en
atelier, soit en chambre, ont à subir la concurrence des
mêmes ouvrages, sortis des ouvroirs et des établissements
hospitaliers, et livrés à un prix infime [2].

Mais, à part ces cas spéciaux de dépréciation du salaire
de l'ouvrière, on ne peut arriver à s'expliquer suffisam-
ment l'infériorité de la rémunération de la femme, par
rapport à celle de l'homme..

Pour nous, cette différence tient à deux causes principales : le peu de débouchés ouverts à l'activité de la
femme, et le manque d'instruction et d'éducation de
celle-ci.

Examinons successivement chacune de ces deux causes :

A. — Malgré les perfectionnements apportés aux engins
mécaniques, il y a encore beaucoup d'industries, où les
travaux de force jouent un rôle important. Telles sont,
par exemple, les industries de la métallurgie, des transports et de certains tissages. La femme ne peut y trouver
qu'un emploi restreint. De même, certaines branches
commerciales préfèrent l'homme à la femme; ainsi, dans
les magasins de nouveautés, où il faut souvent soulever

---

[1] Leroy-Beaulieu, *Traité d'Économie politique*, t. II, pp. 341 et 342.

[2] Il faut aussi remarquer que toutes les femmes sont en principe exer-
cées à ces travaux. La possibilité de les exécuter à domicile accroît
encore l'étendue de la population qui les recherche. — Cf. *L'Enquête sur
les salaires et la durée du travail,* t. I, Seine, p. 517.

de lourdes pièces, la femme a peu à peu cédé la place
à l'homme.

Le machinisme, ayant fait son apparition dans les travaux
de l'aiguille, a chassé de leur domicile un grand nombre
d'ouvrières, qui ne peuvent plus compter sur l'agilité de
leurs doigts, pour lutter contre les ateliers à production
automatique. Il n'y aurait que demi-mal, si elles avaient
pu toutes y entrer, et y mettre à profit leur activité et
leur adresse.

Mais généralement, l'atelier mécanique ne pouvait, à
ses débuts du moins, répondre à la demande de toutes les
ouvrières, brusquement expropriées de leur travail
manuel. Il ne leur restait qu'une ressource, se précipiter
vers les usines nouvellement créées dans toutes les branches de l'industrie, où la vigueur musculaire de l'homme
perdait de son empire, et y offrir leurs bras à vil prix. La
concurrence n'était plus limitée aux seules femmes entre
elles, elle allait s'élever désormais entre les deux
sexes.

Et ce qui montre bien la réalité et la gravité de cette
lutte, c'est l'aversion profonde, dont témoignent les associations d'hommes, pour toute amélioration apportée au
machinisme. Elles savent que, si la machine devient plus
facile à conduire, l'homme devra s'attendre à voir son
emploi âprement disputé par un nombre toujours croissant
de femmes. Le patron, ainsi sollicité, proposera à l'homme
une réduction de salaire ou le congé.

B. — D'autre part, l'infériorité du salaire de la femme
tient, avons-nous dit, à son manque d'instruction et d'éducation. En effet, dans les métiers où elle a accès, elle ne

peut se livrer qu'aux opérations les plus simples et les plus élémentaires, celles qui demandent le moins d'étude et d'apprentissage. Tandis que son concurrent masculin a à sa disposition un enseignement et des cours profession- nels, où il peut puiser à foison toutes les connaissances nécessaires à l'exercice de son métier, la femme ne peut compter que sur son habileté instinctive. Depuis quelque temps, cependant, cette situation tend à se modifier. Nos mœurs et nos préjugés perdent de leur ancien rigorisme. Peut-être faut-il espérer que, bientôt, on ne verra plus la femme « enchaînée aux derniers échelons du travail » ; que, par la vulgarisation de l'instruction professionnelle, elle n'aura pas à redouter la concurrence de l'homme, dans les travaux inférieurs où elle végète encore actuellement, et qu'elle pourra aborder franchement les degrés les plus élevés de la hiérarchie industrielle. Déjà, dans l'impri- merie, l'ouvrière, après être restée longtemps margeuse, régleuse, plieuse et brocheuse, aborde la composition, la mise en page et la correction. Mais il y a encore beaucoup à faire : ainsi, dans l'orfèvrerie et la bijouterie, la femme n'est encore que brunisseuse ou polisseuse, pendant que l'homme est graveur, ciseleur, monteur, etc. [1]. De même, dans l'herboristerie, la droguerie, l'homme est manipu- lateur, garçon de laboratoire ; la femme est trieuse, empa- queteuse, colleuse d'étiquettes.

Dans les fabriques de porcelaine, les femmes sont émailleuses, décalqueuses ; les hommes sont peintres, floristes, figuristes, armoristes, etc.

---

[1] Leroy-Beaulieu, *Le travail des femmes au dix-neuvième siècle*, p. 139.

Le défaut d'éducation a, de nos jours, une tendance à disparaître.

Par éducation, nous entendons, exclusivement, la connaissance des droits et des devoirs de chacun. Or, longtemps, et même actuellement encore, le patron accepte volontiers des femmes dans son usine, parce qu'elles sont plus souples et plus dociles que les hommes, qu'elles ne sont guère portées à ces révoltes, à ces grèves soudaines, qui, souvent, paralysent et anéantissent l'industrie dans une région. Soit par faiblesse, soit par ignorance, la femme subit plus facilement les exigences patronales ; ses vues sont courtes et étroites.

La seule ambition des ouvrières se limite à l'accomplissement de leur travail, au gain de quelque argent, pour la satisfaction de leurs besoins et de ceux de leurs enfants. Ne possédant pas le droit de vote, elles ne peuvent, aussi directement que les ouvriers, intéresser les pouvoirs publics au récit de leurs misères. « Enfin, ne sachant pas ce qu'est l'esprit de corps et la solidarité économique, les femmes se groupent rarement pour la défense de leurs intérêts professionnels[1]. »

Disons, en terminant, que ce qui prouve que cette infériorité de la femme n'est pas due à la faiblesse de ses facultés intellectuelles et morales, mais provient d'une mauvaise organisation sociale, basée sur une fausse conception de la supériorité de l'homme, c'est la place honorable qu'elle a su se créer dans certaines professions, récemment ouvertes à son activité. Nous faisons allusion

[1] *Enquête sur les salaires et la durée du travail*, t. I, Seine, p. 517.

aux femmes employées comme comptables, caissières, etc., soit dans de grandes administrations, telles que les caisses d'épargne, les postes, les télégraphes, les téléphones, les banques, soit dans de simples entreprises particulières.

En résumé, l'apparition du machinisme et son développement constant a eu pour conséquence, outre l'accroissement de la production industrielle, l'augmentation de la main-d'œuvre féminine dans tous les genres de travaux, où la force a été remplacée par l'agilité et la vigilance.

DEUXIÈME SECTION

CONDITIONS DU TRAVAIL INDUSTRIEL DE L'OUVRIÈRE

Le machinisme n'a pas seulement eu pour effet d'augmenter la production, et de procurer de l'ouvrage à un nombre de femmes toujours plus grand ; il a encore profondément modifié le régime de leur travail.

Nous avons vu que, dans la période corporative proprement dite, le travail de la femme était peu productif ; les quelques ateliers, où elle avait accès, ne ressemblaient en rien à nos fabriques modernes.

Le travail commençait généralement au point du jour, et finissait à la nuit tombante : ce qui donnait une journée de huit heures en hiver, et de seize heures en été. Cette durée peut paraître longue, mais il faut ajouter que de nombreux repos venaient interrompre les labeurs. Ainsi, « les tondeurs de drap déjeunent de neuf à dix heures, dînent de midi à deux heures, et ont encore une heure de liberté [1] ».

Le travail n'était pas aussi absorbant qu'aujourd'hui ; il n'exigeait pas une attention pareille à celle que doit fournir l'ouvrier moderne, en présence de sa machine. Le patron, travaillant souvent avec ses employés, s'intéressait à eux ; la permanence des engagements créait,

[1] Morisseaux, *Législation du travail*, t. I, p. 77.

3

entre le maître et les salariés, des liens d'estime et d'amitié, que l'on trouve difficilement à l'heure actuelle.

Le travail de nuit était inconnu, car les moyens d'éclairage étaient alors fort sommaires, et obligeaient à profiter, autant que possible, de la lumière du soleil. Les règlements, d'ailleurs, interdisaient le travail de nuit, non par mesure d'hygiène, mais comme garantie de bonne fabrication. L'interdiction n'était levée que pour les usines de fonte de métaux, ou pour la confection d'un objet commandé par la famille royale ou par un grand personnage. En ce cas, l'ouvrier était obligé de veiller, moyennant une augmentation de salaire [1].

En outre des chômages obligatoires du dimanche et des jours de fête, l'usage s'était répandu de cesser le travail le lundi. C'est ce qu'on appelait le lundi bleu. L'origine de ce congé remontait au quinzième siècle, époque à laquelle les associations de compagnons firent une campagne pour obtenir le droit de prendre des bains. L'ouvrier ne pouvait pas se rendre aux étuves, avant ni après sa journée, ni les jours fériés ; les maîtres consentirent alors à lui accorder le lundi [2].

Les règlements corporatifs tenaient souvent compte des nécessités de la vie de famille de l'ouvrier. Ainsi, un coutumier allemand déclare que « si la femme a un petit enfant, elle pourra retourner trois fois par jour à la maison pour l'allaiter [3] ».

La suppression des maîtrises et des jurandes et l'inven-

[1] Morisseaux, *op. cit.*, t. I, p. 80.
[2] *Ibid.*, t. I, p. 80.
[3] *Ibid.*, t. I, p. 80.

tion des machines eurent pour conséquence de substituer
au petit atelier patronal la grande manufacture. L'homme,
et spécialement la femme, dont la nature est plus délicate,
et exige beaucoup plus de ménagements, devinrent les
servants du machinisme. « D'innombrables générations
d'êtres faibles, libres jadis avant l'apparition de la grande
industrie, s'entassèrent dans les usines, vouées aux labeurs
des journées de plus en plus longues, à mesure que s'ac-
crût et se perfectionna l'outillage, victimes du redoutable
colosse, contre lequel s'acharnaient en vain le père ou
l'époux. [1] »

Dans la lutte qui s'engageait, la supériorité était évidemment du côté du capital, et la victoire devait lui rester. Le
travailleur n'a rien pour appuyer ses doléances. Les anciennes associations ouvrières ont été supprimées, les
règlements législatifs ou corporatifs, sur l'intensité du
travail et la durée de la journée, ont été abrogés ; ainsi
isolé, l'ouvrier se trouve en face d'un patron, dont le seul
souci est la concurrence à soutenir contre ses adversaires.
Le sort de son personnel ne l'inquiète guère ; du reste, il
est trop nombreux et trop instable ; l'industriel le considère comme une armée de mercenaires, dont il faut tirer
le plus grand rendement avec le moins de frais possible.

Nous avons vu que, pour économiser sur les salaires, le
patron avait intérêt à employer la femme, dont le travail
est moins rémunéré que celui de l'homme. Afin d'augmenter la productivité de son usine, il exigea de longues journées et le travail pendant la nuit. Bientôt, les machines

---

[1] *Revue socialiste*, mars 1886, p. 198.

marchèrent continuellement, pour pouvoir, dans le plus bref délai, reconstituer le capital dépensé à leur acquisition. D'autre part, les engins, s'usant plus vite par une mise en train perpétuelle, pouvaient toujours être tenus au courant des inventions nouvelles. Enfin, le travail de nuit permettait au patron d'obtenir une production double, au moyen de deux équipes d'ouvriers, n'utilisant jamais que le même matériel, tandis que le travail de jour n'aurait atteint un pareil résultat qu'avec le double de machines.

M. de Mun, dans la séance du 5 juillet 1890, a fourni, à la Chambre des députés, des renseignements sur certains cas de longues journées en Angleterre et en France[1].

« ... L'enquête faite en Angleterre, disait-il, avant le vote du bill de 1833, a révélé des faits inouïs. On a vu des enfants de huit ans travailler quinze heures par jour, obligés de manger à genoux, courbés devant les machines, pour qu'il n'y ait pas d'interruption dans la production; on a trouvé des femmes travaillant nuit et jour sans s'arrêter, pendant vingt-six et vingt-sept heures consécutives. Une brochure, intitulée *La mort d'une ouvrière par simple excès de travail,* racontait l'histoire d'une modiste de vingt ans, qui avait travaillé vingt-six heures et demie dans un atelier. A Paris même, il y a des ateliers où les jeunes filles travaillent jusqu'à vingt-huit heures consécutives... »

De tels exemples sont trop éloquents par eux-mêmes, dans leur brutalité, pour que nous ajoutions un commentaire quelconque à la citation de M. de Mun.

---

[1] Chambre des Députés. Session ordinaire 1890. *Journal officiel,* 5 juillet 1890. *Débats parlementaires,* pp. 761 et suiv.

Dans le rapport présenté au Sénat par M. Tolain, sur le projet de loi réglementant le travail des enfants et des femmes (annexe au procès-verbal de la séance du 22 juin 1891), nous trouvons les renseignements suivants, sur le nombre de femmes employées à des travaux de nuit :

« En chiffres ronds, il y a 4,000 femmes — exactement 3,949 — travaillant la nuit d'une manière permanente. » La région du Nord est celle qui en occupe le plus grand nombre : 1,250 employées dans les peignages. La région de la Loire occupe, la nuit, 750 femmes dans les fabriques de lacets et de tresses. Viennent ensuite les filatures des Vosges, de la Marne, de la Somme, etc. Et M. Tolain ajoutait : « ... actuellement, le nombre des broches fonctionnant la nuit atteint à peine un tiers ; mais il tend à s'élever de jour en jour, par le fait des exigences de la concurrence dans les filatures. C'est la tache d'huile qui s'étendra sur la région entière (des Vosges), non par suite de la concurrence étrangère, mais bien de la concurrence intérieure. La généralisation, dans ce pays, du travail nocturne, c'est, pour la femme, le renversement de toutes les habitudes normales de la vie, et une cause indéniable du développement de l'alcoolisme, malheureusement déjà trop répandu dans ces contrées. »

L'alcoolisme ! Voilà une des conséquences, confirmée officiellement, de l'abus du travail de nuit chez les femmes. Et elle s'explique naturellement.

Livrée à un travail pénible et absorbant, à un moment où les fonctions naturelles de son corps réclament le repos, la femme se sent peu à peu prise par l'envie de dormir, si grande que soit son habitude de veiller. Pour résister aux sollicitations du sommeil, — car la machine est là, qui, infatigable, marche toujours, — elle croit trouver un stimulant et une source d'énergie dans l'alcool. Or, on connaît à quel prix cette apparence de force s'achète, et quels terribles ravages l'alcool produit dans l'organisme humain. Les facultés morales et intellectuelles s'atrophient ; la femme devient impropre à toute maternité, ou ne met au monde que des enfants malingres et dégénérés.

Ces mêmes dangers se retrouvaient, en plus grand nombre encore, dans les travaux de nuit, alternatifs, intermittents et irréguliers.

La femme était occupée à un travail alternatif, quand, pendant toute l'année, elle passait à l'atelier, une semaine pendant le jour, une semaine pendant la nuit. C'est ce système que l'on pratiquait dans les tissages, moulinages, etc.

Le travail intermittent se rencontrait spécialement dans les fabriques de conserves. La femme travaillait la nuit d'une façon régulière, mais pendant un temps variable, suivant les industries.

Le travail accidentel ou irrégulier était et est encore fréquent dans les ateliers de coutures, modes, lingerie, etc. Il comprend un nombre d'heures supplémentaires, sous forme de veillées, venant s'ajouter au travail de jour, sans que l'ouvrière puisse prévoir cette surtâche inattendue. Ce n'est pas exactement le travail de nuit, c'est quelque chose de pire.

En effet, le travail de nuit suppose que la femme qui s'y livre, a pu se reposer auparavant, peut-être même pendant toute la journée. Mais ici, ces veillées s'imposent non pas à un personnel renouvelé, dispos et consentant d'avance aux obligations, que le travail nocturne entraîne avec lui ; c'est sur des ouvrières déjà fatiguées, par une moyenne de onze à douze heures, que s'abat ce supplément de travail, cette prolongation de la journée, qui atteint ainsi jusqu'à dix-sept heures, souvent davantage, sans que le salaire de ces malheureuses augmente d'importance. En effet, il est d'usage courant, de payer les heures suplémentaires au même taux que les heures de jour. Ce n'est qu'après minuit, qu'elles sont généralement payées le double.

Cette rapide énumération des divers abus auxquels était soumis le travail de la femme, nous paraît suffisante, et l'étude des graves conséquences qu'ils engendraient ne nous retiendra que peu de temps.

Obligée d'être de bonne heure à l'atelier, la femme n'a guère de temps, le matin, à consacrer à la confection de son repas et à la bonne tenue de son intérieur. A midi, si elle est mariée ou mère de famille, il lui faut, pendant les courts instants de répit qu'on lui laisse pour dîner, courir chez elle, préparer à la hâte quelque modeste mets, avec des denrées hors de prix, achetées chez le plus proche regrattier. Si elle est célibataire, pour s'éviter la peine d'apprêter elle-même son frugal déjeuner, elle se rend dans les petits restaurants avoisinant l'usine, ou envahit les cantines que la philanthropie, malheureusement trop souvent intéressée du patron, a établies dans les dépendances de la manufacture. A une heure, le labeur recommence, jusqu'à sept heures au moins. Mais la journée n'est pas encore finie pour la femme ; il lui faut songer à préparer le repas du soir, que le mari, les enfants, revenus de l'usine ou de l'école, attendent de ses soins. Et souvent, quand, harrassée, elle croit pouvoir enfin goûter un repos bien gagné, il lui faut encore prendre sur ses heures de sommeil pour laver, blanchir, raccommoder ses hardes ou celles de son compagnon et de sa petite famille.

On voit, dès lors, à quels dangers est exposée la santé de l'ouvrière travaillant en fabrique : travail fatigant, parfois malsain, exécuté dans des ateliers humides, mal aérés, au milieu du bruit assourdissant des machines, dont les rouages, les courroies n'attendent qu'un instant d'inattention, pour saisir et broyer leur victime. Mauvaise nourriture, repos incomplet, surmenages de toute espèce, telles sont les conditions que l'industrie réserve et impose à l'ouvrière moderne. Cette situation navrante est encore aggravée, si l'on considère l'existence de la femme vouée au travail de nuit. Sa moralité, et non pas seulement sa santé, est exposée à de nombreux risques, sur lesquels il est à peine besoin d'insister.

Comme le disait M. Dron, à la Chambre des députés : « L'ordre de la nature veut que la nuit et le sommeil soient faits l'un pour l'autre. Le sommeil de jour est toujours troublé, dans la maison, par le va et vient, le vacarme des enfants, etc... La mère de famille rentre de l'atelier vers six heures du matin. Elle doit remettre en ordre sa maison, que viennent de quitter les ouvriers de jour ; il faut habiller les enfants, les envoyer à l'école, ce qui demande une heure au moins. Vers huit heures, la mère se couche, mais, à onze heures, elle doit se lever pour préparer le repas des ouvriers partis le matin. Quand ils ont dîné, elle range sa maison et se recouche à deux heures. Enfin, quand cinq heures sonnent, elle se lève, mange, et se dispose à regagner l'usine. Ainsi, au total,

elle dort cinq à six heures et par intermittence ; c'est certainement insuffisant[1]. »

Et M. Dron citait, à l'appui de ses déclarations, le vote
émis à l'unanimité par l'Académie de Médecine, en faveur
de la suppression du travail de nuit des femmes, et la
communication faite à l'Académie des Sciences morales et
politiques, par le Dr Proust. « Si, disait ce dernier, la
femme peut aspirer à remplir presque toutes les besognes
qui ont été confiées à l'homme, elle ne pourra cependant
pas, dans la plupart des cas, l'y remplacer impunément. Sa
vie, elle-même, ne lui appartient pas ; la maternité exige
d'elle des sacrifices incessants ; aussi, serait-il à souhaiter
que les fatigues des veilles prolongées, les rudes tâches de
l'industrie, lui fussent toujours épargnées. Jeune fille,
elle doit préserver sa santé de tout ce qui peut entraver
le développement parfait, harmonieux et complet de son
être ; femme, elle a besoin de toutes ses forces et de sa
santé, afin de se multplier pour ses enfants... »

Il est bien certain que la trop longue journée, ou le
travail de nuit, épuise la santé de l'ouvrière. En même
temps, sa moralité souffre souvent du régime industriel.
Elle ne peut que perdre, au contact de compagnes d'une
vertu parfois douteuse, ou dans ces vastes casernes dans
lesquelles sont entassés les travailleurs des deux sexes. Aux
dangers de cette promiscuité de tous les instants, s'ajoutent
ceux inhérents au travail de nuit.

L'ouvrière qui sort tard dans la nuit, se voit soumise à
de rudes épreuves ; si elle est jeune fille, l'occasion est bien

---

[1] Chambre des Députés. Session ordinaire 1890. *Journal officiel,*
7 juillet 1890. *Débats parlementaires,* p. 779.

tentante de prétexter à ses parents une veillée plus ou moins longue, pour excuser une rentrée tardive. La femme mariée ne songe pas sans angoisse à la désertion du foyer par le mari, qui, las de l'attendre et s'ennuyant au logis, est allé se distraire au cabaret. Elle voit ses enfants, vagabondant dans les rues au sortir de l'école, le dernier né confié aux soins mercenaires d'une gardeuse : n'a-t elle pas dû renoncer à l'allaiter et à le soigner elle-même, pour conserver sa place ? Elle se rappelle, à ce propos, que lors de son dernier accouchement, il lui a fallu, quoique à peine rétablie de ses souffrances, revenir à l'atelier peu de jours après sa délivrance, le patron lui ayant signifié que, passé ce délai, elle serait irrévocablement remplacée [1]. Trop tôt rentrée à l'usine, elle n'a pas tardé à sentir des troubles nombreux dans son organisme, et la santé de son nouveauné s'en est ressentie, au point qu'elle se demande si elle parviendra à l'élever...

Tel est, succinctement présenté, le tableau des néfastes conséquences du travail industriel, pour la femme et pour sa famille, dont elle est la clef de voûte.

La société est atteinte, à son tour, dans ses sources mêmes, par l'exagération du travail féminin. Elle voit se répandre le fléau de la prostitution, dont le personnel se recrute surtout parmi les ouvrières. La désorganisation de la famille et l'abandon des enfants à leurs propres ins-

---

[1] M. de Mun a cité à la Chambre le fait suivant : Une fleuriste fut obligée de revenir à l'atelier le *lendemain* de ses couches. Malgré son extrême faiblesse, elle ne put obtenir de sursis, le patron lui réclamant une indemnité de 300 francs par jour ! représentant, avouait-il, le gain quotidien qu'il réalisait sur le travail de cette femme. *Journal officiel. Débats parlementaires*, 8 juillet 1890, p. 815.

tincts, grossit peu à peu les rangs des criminels ou des pensionnaires de maisons de correction. L'ivrognerie, qui est souvent le refuge de l'homme, quand il trouve son foyer froid et inhabité, gagne, avons-nous vu, la femme elle-même. L'épuisement de ses forces physiques ne lui permet pas de procréer une race d'hommes valides ; d'ailleurs, obligée de travailler sans cesse pour garder sa place, elle a la maternité en horreur et met tout en œuvre pour l'éviter, suivant les exemples que lui fournissent les classes supérieures de la société. Le défaut de soins à donner aux enfants nouveau-nés, augmente la mortalité infantile dans des proportions inquiétantes. En 1889, sur 794,933 décès, il y en avait 136,787 d'enfants âgés de moins d'un an, soit 17,2 %. En 1895, sur 851,986 décès, il y en avait 148,982 d'enfants du premier âge, soit 17,5 %[1].

Le travail industriel, tel que l'a créé la géhenne capitaliste moderne[2], s'il a l'avantage d'occuper les femmes et de leur procurer un salaire, insuffisant d'ailleurs, présente pour elles, leur mari et leurs enfants, d'une part, pour la race et le pays, d'autre part, une série d'inconvénients, dont on ne peut nier la trop réelle importance.

[1] *Annuaire statistique de la France*, 1898, p. 20.
[2] *Revue socialiste*, mars 1886, p. 199.

CHAPITRE III

LÉGITIMITÉ DE L'INTERVENTION DE L'ÉTAT DANS LA RÉGLEMENTATION DU TRAVAIL

A la vue des misères que nous avons constatées, dans la situation matérielle et morale de l'ouvrière, on se sent pris de pitié, et du désir d'y apporter un soulagement.

Des penseurs et des économistes, comme Jean-Jacques Rousseau, Michelet, Sismondi, Blanqui, ont proposé un remède radical : l'interdiction, faite à la femme, de travailler dans les manufactures [1].

De nos jours, les associations ouvrières réclament la même prohibition, non seulement pour sauvegarder la santé de la femme, mais aussi pour préserver le salaire de l'homme. La concurrence des femmes, qui viennent remplacer, de plus en plus, les travailleurs, nuit énormément à ces derniers : elle abaisse le taux de leurs salaires, et augmente les difficultés de l'embauchage, par

---

[1] Blanqui disait : « Je ne crains pas d'affirmer ici, quelque clameur qui puisse en advenir, que la pensée constante, énergique et résolue du nouveau système manufacturier, devra être d'exclure peu à peu les femmes et les enfants des ateliers agglomérés, et de n'y laisser que des hommes. » *Les classes ouvrières en France,* p. 218.

l'encombrement des usines. Les syndicats professionnels redoutent tellement cette concurrence, qu'ils sont, en principe, opposés à tout perfectionnement mécanique, qui, en rendant la tâche plus facile, permettrait à la femme ou à l'enfant, d'avoir accès dans l'atelier.

Il est certain que les arguments, fournis par les partisans de la suppression du travail des femmes dans l'industrie, sont excellents. Mais ils supposent un régime de perfection, dont nous sommes bien éloignés. « Si, disait M. Balsan à la Chambre des députés, on pouvait constituer la famille idéale, dans laquelle il y aurait un père bien portant et des enfants de dix-huit à vingt ans, occupés à l'usine, ensuite des jeunes filles travaillant de leur côté à l'aiguille, la mère n'aurait aucun besoin de fréquenter l'atelier... Cette organisation idéale de la famille est bien souvent contredite par les faits, et la misère est fréquente. Quand vous êtes en face de familles comptant un très grand nombre d'enfants, et que le père ne peut suffire, à lui tout seul, à assurer le salaire nécessaire à l'existence, comment ferez-vous, si vous écartez les femmes mariées de l'atelier[1]? »

Cette remarque est malheureusement trop vraie. Dans une société bien organisée, la femme devrait être écartée de certaines occupations, pour lesquelles elle n'a pas été créée. Son rôle se bornerait à garder le logis, soigner et élever les enfants, répondant à sa triple fonction de ménagère, d'épouse et de mère. Mais actuellement, les nécessités impérieuses de l'existence lui font une obligation de

---

[1] Chambre des Députés. Session ordinaire 1890. *Journal officiel*, 5 juillet 1890. *Débats parlementaires*, p. 759.

se livrer à des travaux, auxquels souvent sa nature
répugne.

L'interdiction absolue, faite à la femme de prendre part
à la production manufacturière, non seulement violerait sa
liberté, mais irait à l'encontre du but que l'on se propose.
L'effet immédiat d'une telle mesure serait de vouer à la
misère un grand nombre de femmes. Sous prétexte de les
protéger, on leur aurait enlevé le seul moyen de gagner
honnêtement leur vie, on les aurait exposées à toutes les
tentations honteuses ou criminelles de la faim.

Le préjudice causé serait encore plus grand pour la femme
veuve, et pour l'épouse ou la fille, dont le mari ou le père
est malade.

On ne songe pas, quand on demande la suppression
de la main-d'œuvre féminine, que souvent la femme doit
remplacer le chef de famille et en accepter toutes les
charges. On oublie la fille majeure, seule et sans appui, et
à qui on ne peut refuser le droit de rester vertueuse en travaillant.

On ne réfléchit pas, non plus, au dommage que semblable
mesure causerait à l'industrie, en lui enlevant subitement
les milliers d'ouvrières qui, à l'heure actuelle, fréquentent
les ateliers. Les retards, qu'une telle révolution apporterait
à la production, feraient hausser le prix des marchandises,
et seraient le signal de crises économiques, dont tout le
monde souffrirait.

On a cherché un remède moins radical à la situation
pénible de l'ouvrière. Au lieu de lui interdire absolument
l'accès des usines, on a cherché à modérer et à surveiller
son labeur, en un mot, à réglementer la durée de son
travail. Mais comme la loi, seule, était capable d'obtenir un

résultat satisfaisant, on était, en somme, obligé de recourir
à l'intervention de l'État.

Cette solution, donnée au problème du travail de la femme,
fut l'objet de longues discussions, qui retentirent au sein
même du Parlement, entre les partisans de la doctrine
individualiste et les adeptes de la pratique interventioniste.
Examinons rapidement les arguments fournis par les deux
écoles.

Les libéraux, par l'organe de leur chef, M. Paul Leroy-
Beaulieu, reconnaissent que la condition des ouvriers, et
en particulier, celle des femmes, employées dans l'industrie,
est déplorable, mais que le temps et la générosité des
patrons l'amélioreront. La femme adulte ne peut être l'objet
d'une protection spéciale, sans que soient méconnus les
deux grands principes économiques de la société moderne:
la liberté du travail et la liberté du contrat. Imposer à la
femme une protection qui doit être exclusivement réservée
aux enfants mineurs, c'est la faire déchoir au rang social
de l'enfant. Or, la femme est un être capable de régler, par
elle-même, les conditions de son travail et le taux de son
salaire. Pourquoi intervenir dans son contrat avec le
patron, et protéger l'ouvrière au détriment de l'entrepreneur? La liberté du travail est un droit naturel, impres-
criptible, que l'on trouve à la base de toute société. « Les
sociétés, écrit M. Courcelle-Seneuil, sont soumises à des
lois d'organisation naturelle, que la folie des hommes peut
altérer, mais qu'elle ne peut détruire, et contre lesquelles,
après tout, elle reste impuissante. Le régime de la
liberté n'implique nullement l'absence d'organisation du
travail; pour être abandonné à la responsabilité de chacun, le travail ne tombe pas dans l'anarchie, il se règle

lui-même en se divisant. L'ordre n'existe pas moins dans l'atelier libre que sous un régime d'organisation, ou, pour parler plus exactement, de commandement quelconque ; mais il a un autre mobile et une autre origine : au lieu d'être imposé, il est consenti, le contrat est substitué au décret.... Le lien solidaire, le principe d'ordre qui constitue la vraie organisation, est beaucoup plus fort sous le régime de la liberté des contrats, que sous un régime réglementaire, à quelque titre qu'il soit ou puisse être imposé [1]. »

Laissez faire ! telle est la formule de l'école libérale. Du libre accord des parties en présence, naîtra la réglementation de la main-d'œuvre féminine.

Si des abus se manifestent, si le travail est trop prolongé ou produit dans des conditions nuisibles à la santé de la femme, ce n'est pas une raison suffisante pour réclamer l'intervention des pouvoirs publics.

« En droit, disait M. Laroche-Joubert, à la Chambre des députés, la réglementation du travail des adultes ne se justifie pas. Si la femme célibataire est capable de faire toute espèce de contrats, elle doit, à moins d'être un être inférieur, incapable de discerner son véritable intérêt, pouvoir faire le principal, celui qui intéresse son travail. Pour la femme mariée, on ne peut dire que le mari, par simple caprice de tyran, lui demandera un travail excédant ses forces. Aveuglés par les élans de votre cœur, vous devenez les alliés de ceux qui, abandonnant toute tradition de liberté, veulent tout réglementer ; après la femme,

[1] *Dictionnaire d'Économie politique*, 2ᵉ vol., p. 298. Vᵒ Organisation du travail.

l'homme, après l'industrie, le travail agricole, le travail
en général, le salaire, le prix de toute chose, et ensuite le
droit à la consommation, pour chacun des individus, as-
servis par ce régime d'oppression. Voilà — certes, ce n'est
pas votre pensée — la voie où vous entraînera la violation
de la liberté individuelle, la meilleure arme pour l'amélioration du sort des travailleurs et le triomphe de l'égalité
dans la démocratie [1]. »

Herbert Spencer écrivit aussi sur le danger de la réglementation du travail, dont on ne prévoit jamais les complications et les résultats éloignés. « Ceux (les législateurs), dit-il, qui, en 1834, firent un bill réglant le travail
des femmes et des enfants dans certaines manufactures,
ne s'imaginaient pas que le système, ainsi inauguré, dût
finir par la restriction et l'inspection du travail, dans toute
espèce d'établissements producteurs, où l'on emploie plus
de cinquante personnes, et ils ne croyaient pas que l'inspection dût aller jusqu'à exiger d'une « jeune personne »,
qui désire être employée dans une manufacture, l'autorisation d'un médecin, qui se soit assuré par un examen personnel, — auquel aucune limite n'est posée, — qu'elle n'a
ni maladie rendant impropre au travail, ni infirmité corpo-
relle; son verdict décidant si la jeune personne peut ou ne
peut pas gagner un salaire. Le politicien, qui se pique
d'avoir des vues pratiques, prévoit encore moins les résultats indirects qui seront la conséquence des résultats di-
rects de ses mesures [2]. »

---

[1] Chambre des Députés. Session ordinaire 1890. *Journal officiel*,
7 juillet 1890. *Debats parlementaires*, p. 773.
[2] Herbert Spencer, *L'Individu contre l'État*, p. 36. Dans le même
opuscule (p. 27), Spencer, parlant de l'idée surtout proclamée de nos

M. Leroy-Beaulieu semble, à première vue, être opposé à toute intervention de l'État. « Celui-ci, dit-il, n'a pas le droit de régler le travail, de l'adulte, femme ou homme... Le droit consiste dans la liberté, dont doit jouir chaque être adulte, de disposer, comme il l'entend, de ses forces et de son temps, sous la seule réserve qu'il ne lèse pas autrui. Pourquoi empêcher quelqu'un de travailler une heure ou deux de plus que les autres ? La loi l'indemnisera-t-elle de cette expropriation ? Se chargera-t-elle de pourvoir aux besoins à satisfaire par ce travail supplémentaire ? C'est impossible, ou monstrueux ! Il est inutile de créer encore des délits fictifs ou réels, quand il y en a tant d'impunis. C'est enlever toute règle fixe de conscience et de conduite, que de multiplier les prohibitions, nées de la fantaisie du législateur et non de la nature des choses ou des hommes[1]..... »

Mais, pour corriger ce que cette théorie peut avoir d'excessif, M. Leroy-Beaulieu écrit dans le même ouvrage : « L'État est un organe critique, un organe de généralisation, de coordination, de vulgarisation. C'est surtout un organe *de conservation*. » Et ailleurs, il ajoute, après avoir restreint les obligations de l'État au droit de défense à l'intérieur et au droit de justice au dedans : « Au fur et à mesure que la société s'émancipe, se complique et s'agrandit, qu'elle quitte la sauvagerie pour la barbarie, puis celle-ci pour la

---

jours, que toute souffrance sociale peut et doit disparaître, prétend que c'est là une opinion fausse, car « séparer la souffrance de la mauvaise action (mauvaise conduite), c'est lutter contre la nature des choses, et amener une quantité de souffrances encore plus grande ! » Cette affirmation est réellement trop paradoxale.

[1] Leroy-Beaulieu, *L'État moderne et ses fonctions*, pp. 39, 40, 53, 343.

civilisation, une autre mission finit par échoir à l'État,
c'est de contribuer, suivant sa nature et ses forces, sans
empiéter aucunement sur les autres forces, ni en gêner
l'action, au perfectionnement de la vie nationale, à ce développement de richesses ou de bien-être, de moralité et
d'intellectualité, que les modernes appellent le progrès...
Nous parlons d'une contribution, d'un concours, d'une
aide, nullement d'une direction, d'une impulsion, d'une
absorption. L'État, qui joue un rôle principal, quand il
s'agit de la défense de la société contre l'étranger, ou du
maintien de la paix entre les citoyens, ne joue plus qu'un
rôle accessoire, lorsqu'il s'agit de l'amélioration des conditions sociales. Mais, si accessoire qu'il soit, ce rôle reste
important... » Peut-être, M. Leroy-Beaulieu sent-il que
la théorie du Laisser Faire n'est plus capable d'assurer le
bonheur social; nous ne pouvons l'affirmer, devant les
nombreuses réticences dont sont émaillés les passages ci-
dessus.

Les partisans de la réglementation du travail des
femmes, tout en reconnaissant que le travail doit, le plus
possible, être libre et affranchi de toute entrave, prétendent que ce principe est primé par l'intérêt social. Si cet
intérêt exige qu'une certaine restriction soit apportée au
régime de la liberté absolue, cette restriction est légitime.
Or, comment soutenir que l'intérêt social ne soit inté-
ressé à l'emploi imprévoyant ou excessif des forces des
faibles, et particulièrement de celles des femmes?

Tous les économistes sont d'accord pour limiter le travail de l'enfant, afin de permettre à ses facultés intellectuelles et à ses forces physiques de se développer norma-
lement. Peut-on nier qu'en diminuant la journée pour la

mère, en restreignant la durée de sa présence à l'usine, on rendra le développement de l'enfant plus certain et plus régulier? Pour nous, protéger la femme, c'est encore protéger l'enfant [1].

En prétextant que la loi ne doit accorder sa protection qu'aux enfants et aux filles mineures, qui sont des incapables, trop faibles pour défendre leurs intérêts, et qui, par suite, ont droit à la même sollicitude légale que les autres incapables du Code civil, les libéraux commettent une erreur.

En effet, la loi a déjà pourvu à l'état d'incapacité des enfants, en mettant auprès d'eux certaines personnes chargées de les éclairer, de les guider, et au besoin d'exécuter, pour eux, les actes qu'ils ne peuvent accomplir eux-mêmes. Ces parents, ces tuteurs, ne peuvent-ils pas veiller aux clauses désavantageuses, contenues dans le contrat de travail de leur enfant ou de leur pupille, comme ils le font pour les autres contrats? Et l'État ne porte-t-il pas atteinte à leurs droits, à leur liberté, en se substituant à eux, pour la limitation de la journée de l'enfant? Cette intervention ne se justifie pas seulement par la crainte des exigences abusives du patron vis-à-vis du mineur, c'est encore une mesure contre l'imprévoyance du père ou du tuteur, qui livrerait des enfants trop jeunes à un travail excessif, pour augmenter son propre salaire, de la maigre rémunération du labeur de ceux-ci. Est-ce respecter la liberté de ces parents, que de restreindre ainsi leurs droits, quand ils peuvent être conduits à en abuser?

Il ne faut pas croire que la liberté, en matière de

---

[1] *Revue socialiste,* septembre 1897, p. 285.

travail, soit un principe juridique aussi absolu qu'on veut bien le dire. En élargissant la question, on peut même avancer qu'il n'y a pas de droit s'exerçant sans réserve. Tous, même celui de propriété individuelle, sont soumis à des rectrictions, lorsque, comme le dit la Déclaration des droits de l'homme, « la nécessité publique l'exige évidemment ». A notre avis, il n'y a à cette règle qu'une exception, en faveur de la liberté de conscience, sorte de droit essentiel, au-dessus de toute législation humaine. La loi peut s'efforcer de l'atteindre, en en gênant l'exercice, jamais elle n'arrivera jusqu'au for intérieur de l'homme.

En réalité, il faut reconnaître que chaque individu ne peut exercer ses droits qu'en vertu d'une permission de la Société. En effet, c'est grâce au perfectionnement continu des institutions publiques, que les diverses libertés ont pu se développer et se faire respecter. Et plus la Société possède de pouvoirs, mieux elle assure l'observation des droits dont elle a facilité la naissance.

Pour nous, l'homme n'a pas un droit naturel, absolu, de travailler à sa guise, quand et comment il lui plaît. La loi peut et doit apporter certains tempéraments à l'exercice de ce droit, quand l'intérêt de la collectivité le demande. Son intervention dans les relations économiques des individus n'est pas, d'ailleurs, une nouveauté dangereuse. Journellement, elle se produit dans les rapports entre producteurs et consommateurs, pour protéger les uns, favoriser les autres, et personne ne proteste contre l'article 1780 du Code civil, qui ne permet de louer ses services qu'à temps ou pour un ouvrage déterminé, ou contre la loi qui impose le repos hebdomadaire aux femmes et aux enfants.

Pour l'ouvrier, la liberté du travail n'est généralement

qu'un mot : le contrat passé avec le patron est, pour le salarié, un contrat essentiel, auquel il ne peut se soustraire s'il veut vivre. Avec la division du travail, telle que nous l'avons étudiée, et la nécessité d'une série d'efforts communs coopérant vers un même but, la durée du labeur ne dépend pas de la volonté personnelle de celui qui loue ses services; elle est déterminée par la durée du travail des autres ouvriers. L'individu qui s'embauche, ne peut discuter le nombre d'heures qu'il désire travailler; quand il vient demander du travail, il doit accepter implicitement — ce qui ne veut pas dire volontairement — les conditions de l'usine où il se présente. On ne se figure pas un ouvrier qui voudrait travailler dans une mine après l'heure de la remonte, ou dans une filature après l'arrêt des machines. De même, un patron ne pourrait consentir au départ d'un employé avant les autres : ce serait enlever à l'équipe dont cet homme fait partie, un des éléments nécessaires à l'accomplissement de la besogne commencée, et la réduire à l'inaction.

Donc, l'ouvrier isolé ne peut pas, au point de vue de la durée de son travail quotidien, exercer sa prétendue liberté. Il doit se soumettre.., ou s'en aller.

Il ne songe même pas à invoquer l'article 1172 du Code civil, qui déclare nul le contrat contenant des clauses immorales. (On peut bien considérer comme immorale l'obligation, imposée par le patron à l'ouvrier, d'avoir à fournir un travail excédant ses forces, moyennant un salaire insuffisant à les réparer); mais le travailleur se tait, sachant d'avance qu'il ne peut dicter à l'industriel des conditions plus douces. « L'antienne des patrons invoque toujours les nécessités de la concurrence, et derrière les intérêts de la prospérité nationale, ils abritent leurs intérêts rapaces, jamais satisfaits[1]. »

L'infériorité des ouvriers est évidente, même quand ils font entendre une réclamation collective. Les syndicats professionnels sont encore peu répandus, et sont dépourvus de moyens d'action sur les individus, qui s'en tiennent écartés.

La grève a pour effet, ordinairement, de faire remplacer les turbulents par des ouvriers sans travail dont l'armée est nombreuse, et qui, trop heureux d'avoir un gagne-pain, saisissent l'occasion d'entrer à l'atelier, sans discussion aucune : et de peur de se voir tous remerciés, les grévistes restés calmes, se sentant vaincus une fois encore, reprendront le travail aux anciennes conditions. La situation misérable du gréviste et de sa famille, opposée à celle du patron qui peut attendre, montre combien la lutte est inégale, et dans quelle mauvaise posture se trouve l'ouvrier qui veut faire valoir des prétentions de quelque importance.

En somme, la liberté du contrat de travail est constamment violée, au détriment du plus faible. La concurrence détermine le maximum de concessions que le patron peut faire à ses employés, et au-dessous duquel l'aiguillon de l'intérêt personnel l'incite à descendre. C'est cette tendance, nuisible à l'intérêt social, que la loi doit enrayer, en ce qui concerne la durée du travail des ouvriers travaillant en atelier ; car il est certain que l'on ne peut empêcher

[1] *Revue socialiste*, mars 1886, p. 195. Cette déclaration de M. Rouanet peut paraître exagérée. Mais il faut bien avouer que peu d'industriels sont mus par d'autres sentiments. La philanthropie cède trop souvent le pas à l'intérêt, dans les relations du patronat et des salariés.

l'individu travaillant seul et chez soi d'agir à sa guise : il ne relève que de son libre arbitre.

Et pourquoi ne pas soutenir que l'intervention légale, loin de supprimer la liberté, paraît plutôt devoir la rétablir? En effet, on ne peut pas considérer comme une atteinte au droit du patron, l'interdiction de réclamer à l'ouvrier un travail aussi long qu'autrefois, exécuté aux dépens de sa santé et de sa moralité. Le travailleur qui s'engage à fournir un labeur démesuré n'agit pas en pleine liberté; il est certain que c'est seulement sous la pression d'une volonté étrangère, sous l'empire d'un pressant besoin, qu'il s'impose cette tâche épuisante. Dès lors, comment admettre que la loi, en instituant pour lui la clause qu'il inscrirait au contrat de travail, s'il le pouvait, empiète sur sa liberté? Ne lui rend-elle pas plutôt cette liberté de ne pas travailler, qui est le corollaire indispensable de la liberté du travail? Que de fois, dans des congrès, des enquêtes ou par des grèves, les ouvriers n'ont-ils pas manifesté cette intention de limiter leur travail à un nombre d'heures déterminé ?

L'Assemblée Constituante, qui proclama la liberté du travail, dressée sur les ruines de l'ancienne organisation corporative, ne soupçonnait pas l'essor qu'allait prendre l'industrie. Cependant, et contrairement à l'opinion généralement admise, elle ne voulut pas s'interdire dans la suite le droit d'intervenir dans le régime du travail.

La loi des 2-17 mars 1791 porte textuellement dans son article 7 : « Il sera libre à toute personne de faire tel négoce ou d'exercer telle profession, art ou métier, qu'elle trouvera bon, mais elle sera tenue de se pourvoir auparavant d'une patente, d'en acquitter le prix suivant les taux ci-après déterminés, et de *se conformer aux règlements de police qui sont ou pourront être faits.* »

La Constitution du 5 fructidor an III, art. 366, précise davantage ce droit de police : « La loi, dit-elle, *surveille particulièrement* les professions qui intéressent les mœurs publiques, la sûreté et la santé des citoyens, mais on ne peut faire dépendre l'admission à l'exercice de ces professions, d'aucune prestation pécuniaire. »

La Constitution de 1848 a proclamé, elle aussi, la liberté du travail. Mais, quoiqu'elle n'ait pas précisé la portée de ce principe, rien ne fait présumer qu'elle ait voulu modifier l'esprit des textes antérieurs.

Puisque aucune restriction n'a été apportée au droit d'intervention de l'État, dans le contrat de travail, il faut admettre que la limitation de la journée repose sur une base légale, sur un droit de police reconnu et concédé aux pouvoirs publics.

D'après M. Cauwès, l'État possède, en outre des droits de défense et de justice que lui accorde l'École libérale, un droit de tutelle et un droit de police sur l'industrie.

Le droit de tutelle existe dans un intérêt général d'humanité[1]; le droit de police a pour objet la sécurité des personnes. Le travail n'est pas une marchandise ordinaire; il comprend les forces, l'intelligence, et aussi le cœur de l'ouvrier, mis à la disposition d'autrui par suite des nécessités de l'existence. L'État ne doit pas laisser le travailleur abandonné à lui-même, quand « les exigences qu'il

---

[1] Cauwès, *Cours d'Économie politique,* t. III, p. 98.

subit compromettent sa santé, abrègent sa vie. Le travail n'est pas chose d'intérêt purement privé : c'est une *fonction sociale*, la source de la prospérité générale. »

Quoique partisan du principe d'intervention, tel que l'expose M. Cauwès dans son ouvrage, nous ne pensons pas que le travail soit réellement une fonction sociale[1]. A notre avis, le travail de l'ouvrier, comme celui du patron, est d'ordre purement privé. Le contrat, qui les lie l'un à l'autre, est un contrat personnel, dans lequel les pouvoirs publics n'ont à intervenir que pour faire respecter la justice et la morale. « Si on appelle le travail une fonction sociale, parce qu'il intéresse la société, il n'y aura pas, disait Mgr Freppel, de manifestation de l'activité humaine, qui ne fasse surgir toute une armée de fonctionnaires, car c'est le propre de la société, qu'aucun de ses membres ne puisse s'isoler du corps entier, auquel se rapportent, en profit ou en perte, tous les actes individuels. Autant vaudrait soutenir que le consommateur, sans lequel le producteur ne pourrait subsister, remplit à son tour une fonction sociale, et alors où s'arrêter dans cette voie ? Il n'y a plus de Français qui ne puisse se dire fonctionnaire[2]. »

Il n'est pas plus juste de dire que le travail est une fonction sociale, qu'il n'est exact de prétendre qu'il est une marchandise. Le travail est une fonction privée, c'est le produit de l'activité humaine : la vie ne se conçoit pas sans l'activité, et l'activité sans le travail. Ce que l'ouvrier vend,

[1] Le 11 juin 1888, M. de Mun, étant à la tribune de la Chambre des Députés, déclarait voir également dans le travail une fonction sociale.
[2] *Revue catholique des institutions et du droit*, 1890, 2e semestre, p. 418.

quand il cède son travail, c'est son temps, ses facultés, son être. Le travail n'est donc qu'un acte de la vie humaine.

Le droit de police de l'État s'exerce sur les établissements industriels, dans un but de sécurité publique, par exemple : l'épreuve et l'inspection des chaudières, les mesures concernant l'hygiène et la sécurité des travailleurs dans les manufactures [1].

Le pouvoir de tutelle de l'État s'étend aux personnes, à raison de leur faiblesse, ou pour cause d'humanité. Ce droit, dit M. Cauwès, est plus contesté que le pouvoir de police, car on prétend que la réglementation de la journée de travail entraîne, forcément, la fixation des salaires [2].

Pourtant l'objection est spécieuse, et nous ne voyons pas bien les raisons pour lesquelles l'État se chargerait d'intervenir entre le patron et l'ouvrier adulte, pour déterminer la quotité du salaire. Nous croyons que la liberté, quant à la fixation du taux de la rémunération de l'ouvrier, est la conséquence de la liberté du travail, qui implique la responsabilité. La question de la réglementation des salaires ne pourrait se poser que si la liberté n'était pas effective ; en tous cas, elle n'a rien de commun avec celle de la limitation du travail. Quand le patron a payé la somme promise dans le contrat, il est libéré en droit, pourvu que le salaire soit juste. Or, savoir si le salaire est juste, c'est affaire à sa conscience ; l'État, sur ce point, ne peut intervenir en aucune façon.

---

[1] Cauwès, *op. cit*, t. III, pp. 100 et suiv.
[2] *Ibid.*, t. III, pp. 100 et suiv.

Nous ne comprenons guère la crainte des libéraux, de voir l'État imposer sa protection à toutes sortes de travaux. Les professions se rattachant à l'agriculture ne peuvent être, par nature, soumises à aucune réglementation. Il y a, sans doute, des époques où l'ouvrier agricole doit fournir un labeur long et fatigant, mais les périodes de morte-saison sont nombreuses, et lui permettent amplement de réparer ses forces. D'autre part, son travail a lieu en plein air, et dans d'autres conditions que celui de l'ouvrier industriel.

Au contraire, il serait juste que le travail si pénible, pour les femmes surtout, des employés de commerce, soit réglementé, et que le projet de loi qui le concerne soit exhumé des cartons de la Chambre, où il dort depuis tantôt huit ans. Quant aux professions libérales ou aux travaux exécutés par un individu isolé, nous ne croyons pas que l'on puisse jamais imposer une restriction légale à leur libre exercice.

Les économistes libéraux ne se contentent pas d'élever des objections juridiques contre la réglementation du travail des femmes : ils y ajoutent des arguments tirés de l'observation des phénomènes économiques.

1° En admettant que l'on puisse s'opposer à la fatalité des lois de la production, celle-ci va forcément diminuer, puisqu'elle est proportionnelle à la durée du travail. Sa diminution va réduire le taux du salaire de la femme; alors, sous prétexte de la protéger, on aura diminué les ressources de l'ouvrière.

2° La limitation du travail des femmes va avoir une répercussion sur le travail des hommes, dans les usines qui emploient des ouvriers des deux sexes. Après le départ des

ouvrières, l'atelier sera désorganisé, si bien que le patron
se verra, malgré lui, obligé de réduire, dans la même proportion, le travail des ouvriers. Ce chômage forcé, imposé
à des individus qui ne l'ont pas réclamé, peut entraîner
de graves perturbations dans l'industrie et dans les rapports du capital et du travail.

La première objection est fort importante et, au premier
abord, elle paraît décisive.

Nous ne croyons guère à la fatalité des lois économiques, qui fixeraient les salaires et la durée du travail au
mieux des intérêts des producteurs, et contre lesquelles
l'homme ne saurait s'insurger, sans voir sa situation devenir plus misérable. Pour nous, la volonté humaine joue
un rôle considérable dans l'organisation économique.
Pendant longtemps, on n'a eu en vue que l'intérêt du produit. « Sans doute, c'est beaucoup, dit M. de Mun, mais
derrière les produits, il y a les hommes qui les font naître,
il y a les travailleurs, et c'est pour eux, comme le disait
Droz, il y a déjà bien longtemps, c'est pour l'homme que
l'industrie doit être faite, et non pas l'homme pour l'industrie[1]. » Ce que l'on érige en nécessités naturelles,
ce sont souvent les intérêts de la partie qui dicte les conditions du travail. D'autres fois, fatalité est synonyme de
routine.

Est-il bien exact d'affirmer que la réduction du nombre
d'heures de travail doit entraîner une diminution équivalente
de la production industrielle? Au fond de toute discussion
sur la réglementation du travail se retrouve cette préoc-

---

[1] Chambre des Députés. Session ordinaire 1890. *Journal officiel*,
5 juillet 1890. *Débats parlementaires*, p. 760.

cupation, et sûrement les objections juridiques et politiques
auraient disparu d'elles-mêmes, si on avait pu assurer aux
industriels que leur production resterait toujours identique, malgré la réduction du travail. Il n'y a pas de ré-
ponse absolue à faire à la question posée en ces termes.
La solution ne peut être donnée *in abstracto* : il faut se
baser sur les résultats, obtenus dans les divers pays, qui
ont diminué, législativement, la durée de la journée dans
les manufactures.

Théoriquement, on peut dire que « la valeur de la
production n'est pas rigoureusement proportionnelle à la
durée du travail, elle est proportionnelle à la durée de ce
travail combinée avec son intensité[1] ». L'expérience dé-
montre que cette intensité diminue notablement, à la fin
d'une journée trop prolongée. L'activité de l'ouvrier s'arrête au bout d'un certain temps. Les dernières heures
fournissent un travail beaucoup moins parfait que les premières. « L'ouvrier ressemble un peu à la machine à
vapeur qui commence à manquer de charbon »[2].

Sans doute, il ne faut rien exagérer. Une limitation trop
basse amènerait une diminution de production. Le fait
s'est produit en Angleterre après la grève de Newcastle
de 1871. La journée de travail, dans les industries métallurgiques, fut réduite de dix à neuf heures, la productivité
diminua bientôt de 1/10e [2].

Mais on peut admettre, en principe, qu'une usine, où
l'ouvrier n'est pas surmené, parce qu'il n'y travaille que
onze heures par jour, par exemple, coupées par des repos,

[1] Pic, *Traité élémentaire de législation industrielle*, p. 262.
[2] Cauwès, *op. cit.*, t. III, pp. 114 et suiv.

peut produire autant qu'une usine, où la journée est de treize ou quatorze heures.

Si un travail modéré est, proportionnellement, plus productif qu'un labeur démesurément prolongé, l'objection, faite au point de vue de l'ouvrier, que la limitation de la journée va le priver d'une partie de sa rémunération, tombe d'elle-même, quelle que soit l'idée que l'on professe sur l'origine du salaire.

Le fait-on dépendre de la productivité du travail? celle-ci ne diminuant pas, le salaire doit rester identique. Il en est de même si on admet la théorie du fonds des salaires, car le rapport entre le capital et la main-d'œuvre disponible ne dépend pas de la durée du travail. Enfin, si le salaire n'obéit pas à d'autre règle qu'à celle de l'offre et de la demande, au cas où la quantité de travail fournie par chaque ouvrier viendrait à diminuer, il est évident que les salaires doivent hausser. En effet, pour la même production, il faudrait occuper un plus grand nombre de personnes ; la main-d'œuvre étant plus recherchée, l'ouvrier verrait augmenter la rémunération de son travail.

En Angleterre, la loi du 27 mai 1878 fixa la durée du travail à dix heures par jour dans les industries textiles, et à dix heures et demie dans toutes les autres industries, pour les enfants âgés de quatorze à dix-huit ans et pour les femmes de tout âge. La production n'a pas diminué, malgré toutes les prévisions émises; quant aux salaires dont on évaluait la baisse probable entre 16 à 25 %, leur augmentation a été de 12 à 40 %.[1]

---

[1] *Bulletin de l'Office du travail*, février 1894, pp. 77 à 81.

Dans l'État de Massachusetts, une loi de 1874 fixa la journée de travail à dix heures, pour tout le personnel employé à la fabrication des textiles. En 1881, la production atteignait 72,291,601 dollars, soit la moitié du chiffre total des textiles pour les États-Unis. Les ouvriers gagnaient 3 fr. 25 de plus que leurs collègues des autres États de l'Union, bien que leur travail eût diminué de cinq heures et demie par semaine[1].

En France, le premier rapport fourni au Ministre du Commerce par les inspecteurs divisionnaires, sur l'application de la loi du 2 novembre 1892, qui règlemente le travail des femmes dans les établissements industriels, relate les plaintes des patrons qui craignent de voir diminuer la production[2].

Une commission parlementaire composée de députés consigne aussi, à la même époque, les doléances des délégués de l'Association de l'Industrie et de l'Agriculture françaises, au sujet de la réduction des heures de travail des femmes. A leur avis, la diminution de la production est une chose certaine; si l'Angleterre a pu se permettre de réglementer législativement le labeur des ouvriers, c'est que l'immensité de ses capitaux, l'absence de conscription qui enlève à l'industrie l'individu au moment où il commence à être dressé, l'habileté de son personnel (qui, pour conduire deux métiers, n'exige que trois ouvriers, tandis qu'en France il en faut cinq), la mettent dans une situation tout à fait exceptionnelle. Néanmoins, les mêmes délégués reconnaissent que la loi

[1] *Bulletin de l'Office du travail*, février 1894, pp. 77 à 81.
[2] *Ibid.*, mars 1894, p. 119.

de 1892, appliquée aux différents tissages, n'a pas fait
diminuer les salaires, ni la production ; il n'y a que la
filature de la laine qui ait subi une réduction de salaires [1].

Enfin, le comité linier de Lille, entendu également en
1893, par la même commission parlementaire, déclare que
la moyenne de travail fixée à onze heures pour les femmes
par la loi de 1892, ne peut être abaissée davantage. Quoique
la nouvelle réglementation ait fait légèrement diminuer
la production, le taux des salaires a été maintenu ; les
industriels désirent qu'aucune nouvelle restriction, à la
durée de la journée, ne vienne les mettre en état d'infériorité vis-à-vis leurs concurrents de Belgique et d'Ir-
lande [2].

La commission supérieure du travail, dans ses rapports
adressés au Président de la République, sur l'application
de la loi de 1892, constate que la diminution des heures de
travail n'a pas eu d'influence fâcheuse sur la productivité.

« L'accélération de vitesse des engins mécaniques, les
pertes de temps moins nombreuses, les repos plus réels,
ont permis à la production, non de diminuer ou de rester
stationnaire, mais de suivre une marche ascendante, si bien
*que peu d'industriels se résoudraient aujourd'hui à
revenir à la journée de douze heures* [3]. »

---

[1] *Bulletin de l'Office du travail,* mars 1894, pp. 124 et 144.

[2] Ajoutons qu'au Connecticut, après le vote d'une loi diminuant les
heures de travail, une enquête fut faite en 1895, dans 100 établissements.
En voici les résultats : 56, c'est-à-dire plus de la moitié, n'avaient pas vu
décroître leur production ; 31 avaient subi une diminution de production
proportionnelle à celle des heures de travail, et 13 avaient dû supporter
une réduction plus ou moins forte dans la production. Cf. à ce sujet,
Bulletin de l'Office du travail, janvier 1896, p. 38.

[3] *Bulletin de l'Office du travail,* janvier 1898, p. 30 (Constatation spéciale à la région de Lyon).

« La diminution de la durée du travail ne fait pas souffrir
la production, grâce au perfectionnement et à l'amélioration
    l'outillage [1]. »

Nous voudrions, en multipliant les exemples, montrer
la justesse de cette dernière observation. Malheureusement,
l'application de la loi de 1892 est de date encore trop
récente, pour que l'on puisse se rendre un compte exact
des conséquences de la réglementation sur l'intensité du
travail des femmes. Néanmoins, on peut admettre comme
certain, que la production et les salaires ont, en général,
peu souffert de la limitation légale du travail, soit à cause
des perfectionnements du machinisme, soit grâce à une
plus grande force de résistance constatée chez l'ouvrière,
et due justement à la réglementation [2].

La deuxième objection économique, présentée par l'École
libérale, se base sur la répercussion nécessaire de la limitation du travail des femmes, sur le travail des hommes,
dans les usines qui emploient des travailleurs des deux
sexes. Cette répercussion, ajoute-t-on, est mauvaise en soi,
parce qu'elle limite indirectement le travail des hommes
adultes. En effet, l'atelier sera désorganisé après le départ
des ouvrières, si bien que le chef d'industrie devra, contre
son gré, réduire dans la même proportion le travail des
ouvriers.

L'objection est, à notre avis, peu fondée. La répercussion
du travail des femmes sur celui des hommes n'a rien de
nécessaire. Comme le disait Jules Simon : « Il en sera, du
travail des femmes, comme autrefois du travail des enfants;

[1] *Bulletin de l'Office du travail*, février 1899, p. 143.
[2] *Enquête sur les salaires et la durée du travail*, t. 1, Seine, p. 354.

en Angleterre, le travail des femmes adultes est limité à moins de dix heures par jour, sans qu'il en résulte la ruine de l'industrie anglaise[1]. »

En France, sous l'empire de la loi du 19 mai 1874, l'enfant, au-dessous de douze ans, ne pouvait travailler que six heures par jour ; l'enfant, de douze à seize ans, ne pouvait être employé plus de douze heures, repos compris. Or, dans aucune fabrique, occupant concurremment des adultes et des enfants, les patrons n'ont été obligés de réduire le travail des adultes, à six ou à douze heures. C'est qu'en effet, les enfants et les femmes sont généralement employés à des travaux spéciaux, moins pénibles que ceux des hommes, s'exécutant, le plus souvent, dans des ateliers séparés ; il est donc facile, sans désorganiser l'usine, de fermer ces ateliers plus tôt que ceux où travaillent les ouvriers adultes [2].

Toutefois, nous devons observer, que l'application de la loi du 2 novembre 1892, sur le travail des femmes et des enfants, a provoqué certains troubles en 1893. Dans 154 établissements, occupant 13,153 ouvriers, 45 grèves se sont produites, principalement dans les industries de la filature, du tissage et du moulinage de la soie. Les causes en ont été multiples : ici, elles tenaient à l'inégalité de la durée du travail de la femme et de l'enfant, là, à la difficulté de déterminer les heures de repos (par exemple, dans la métallurgie). Presque toutes ces grèves étaient provoquées plutôt par la diminution des salaires que le patron

---

[1] Jules Simon, *Lettre-préface au Commentaire de la loi du 2 novembre 1892*, par Lagrésille, p. 4.
[2] *Ibid.*

voulait imposer, en raison de la diminution des heures de travail, qui, à ses yeux, devait amener une production moins élevée. Les ouvriers, tout en désirant moins travailler, prétendaient conserver leurs anciens salaires : ceux à la tâche demandaient la revision des tarifs, ceux à la journée, l'augmentation du prix de l'heure, de façon à établir une sorte de compensation[1].

Mais, nous pouvons ajouter, que ces perturbations, inhérentes à tout changement de régime, et propres aux périodes de transition, se sont vite apaisées, et que depuis 1893, aucune grève n'a eu pour prétexte la réduction du travail des femmes.

En résumé, l'intervention de l'État, en faveur de la femme, se justifie en droit et en fait ; la protection légale repose sur de nombreux motifs :

L'intérêt de la femme elle-même, dont un travail excessif ruine la santé et compromet l'existence. Celui de la famille, et particulièrement de l'enfant, dont les premiers ans exigent les soins de la mère, et dont le développement moral réclame l'éducation maternelle. L'intérêt de l'industrie, à qui une main-d'œuvre saine et vigoureuse rapporte davantage qu'un travail fourni par des ouvrières exténuées et anémiées. Celui de la nation, dont le progrès demande une race bien portante et une industrie prospère.

Telle est la tâche de moralisation et de conservation sociales, que, seule, la loi peut accomplir.

---

[1] *Bulletin de l'Office du travail,* janvier 1894, p. 10.

CHAPITRE IV

HISTORIQUE DE LA PROTECTION DU TRAVAIL
DES FEMMES

L'Angleterre, le premier pays industriel du monde entier, fut la première nation civilisée qui réglementa le travail des femmes adultes.

L'intervention de l'État, en faveur des plus faibles et des plus intéressants facteurs de l'industrie, s'était manifestée dès 1802, sur l'initiative du père de Sir Robert Peel. Mais le bill, voté à cette époque (act. 42, George III, chap. LXXIII) et intitulé : *moral and health bill* ou *loi de morale et de salubrité*, n'intéressait que les enfants. Il en fut de même pour les lois de 1819 et de 1825.

En 1833, la loi vise le travail des femmes, âgées de moins de dix-huit ans. L'act de 1833 limite, à douze heures par jour et à soixante-neuf heures par semaine, le travail des jeunes filles (Young persons) ; la journée du samedi, pour elles, est réduite à neuf heures. Le travail doit être coupé par un repos de une heure et demie au moins; le travail de nuit, — de huit heures du soir à cinq heures du matin, — leur est interdit. L'enquête préalable à cet act, ayant démontré l'impuissance de l'inspection gratuite, quatre fonctionnaires inspecteurs sont chargés de s'assurer, en tout temps et à toute heure, de l'exacte observation de la loi[1].

En 1842, l'accès aux travaux souterrains des mines et des houillères est défendu aux femmes de tout âge.

Cette intervention légale — la plus importante, — dans l'intérêt des femmes adultes, fut suivie de plusieurs autres, dans les années suivantes.

En 1844, un article additionnel au *Factory act*, assimile les femmes adultes aux enfants de dix-huit ans: c'est la première mesure générale prise en faveur des femmes employées dans les industries textiles. En 1845, on y adjoint les ouvrières travaillant dans les ateliers d'impression sur étoffes; en 1855, la loi est appliquée aux ateliers de blanchissage et de teinture; en 1861, aux fabriques de dentelles et de tulles; en 1867, aux papeteries, verreries, manufactures de tabac, de caoutchouc, etc. La même année, un dernier bill, *factory and extension act*, étend la protection aux ateliers de toute nature.

En 1847, une loi fut votée, fixant la durée du travail des femmes à douze heures par jour, sous déduction d'un repos d'une heure et demie. Le travail était interdit le dimanche, et devait cesser le samedi, à partir de deux heures.

Le Parlement anglais a, en 1878, codifié toute la législation industrielle en une seule loi, appelée le *Factory's act*. Ajoutons que la commission royale, instituée pour préparer cette loi, déclara que l'industrie n'avait nulle-

---

[1] Cf. pour tout cet historique: Lagrésille, *Commentaire de la loi du 2 novembre 1892.* — Albert de Mun. Chambre des Députés. Session ordinaire. *Journal officiel, Débats parlementaires,* 5 juillet 1890, pp. 762 et s. — *Revue socialiste,* avril 1886, pp. 337 et suiv.

ment souffert de la réglementation législative. En effet,
de 1803 à 1839, l'exportation des produits sortis des manufactures, auxquelles s'étendait la protection légale du travail
des enfants, avait augmenté de 102 %, tandis qu'elle ne
s'était accrue que de 25 %, pour les produits à la fabrication desquels la loi ne s'appliquait pas encore !

L'évolution industrielle fut plus lente à s'accomplir en
France. Les guerres et les catastrophes politiques, qui,
chez nous, marquèrent le début du dix-neuvième siècle,
avaient paralysé l'activité économique. Il fallut la Res-
tauration et le règne paisible des Bourbons, pour que
l'industrie, transformée, pût se développer librement.

Cependant, une Ordonnance de police, du 26 septembre
1806, avait essayé de réglementer le travail des ouvriers
du bâtiment, et le décret du 3 janvier 1813 avait interdit
aux enfants, âgés de moins de dix ans, le travail souterrain dans les mines et minières. C'étaient là de bien
médiocres réformes, qui ne détruisaient guère les abus
dont étaient victimes les jeunes ouvriers.

La région de l'Est fut la première à adopter les grands
moteurs à vapeur et les nouveaux engins mécaniques ;
c'est aussi dans cette contrée, qu'un patron philanthrope,
M. Bourcart, filateur à Guebwiller, en Alsace, appela, en
1828, l'attention de la *Société industrielle de Mulhouse*,
sur la situation misérable de l'enfant, employé dans les
manufactures, et la nécessité de le protéger contre l'abus
que l'on faisait de ses forces. La Société, émue, se livra,
pendant dix ans, à des recherches auprès des chefs d'industrie, luttant, contre l'inertie des uns, et la malveillance
des autres. En 1837, elle adressa une pétition au Parlement, et, dès le 31 juillet de la même année, une enquête

officielle était ouverte par le Ministre compétent, auprès des chambres de commerce, des chambres consultatives et des conseils de prud'hommes.

De son côté, l'Académie des Sciences morales et politiques se saisit de la question, et chargea M. Villermé d'une autre enquête sur la condition des enfants dans les manufactures. Ses observations furent consignées, en 1840, dans le *Tableau de l'état physique et moral des ouvriers*.

« La journée de l'ouvrier, écrivait M. Villermé, est au moins de quinze heures. Sur ce temps, il a une demi-heure pour le déjeuner et une heure pour le dîner ; c'est là tout le repos qu'on lui accorde. Par conséquent, il ne fournit jamais moins de treize heures et demie de travail par jour [1]. » Et plus loin, à propos du travail des enfants : « Afin de mieux faire sentir, combien est trop longue la journée des enfants dans les ateliers, rappelons-nous que la journée des forçats n'est que de douze heures, et qu'elle est réduite à dix par le temps des repos. »

Cette publication, qui révélait un état social nouveau, ignoré dans plusieurs régions de la France, eut un grand retentissement ; le Parlement, s'inspirant de l'act anglais de 1833, vota la loi du 22 mars 1841 « relative au travail des enfants dans les manufactures, usines ou ateliers. »

Cette loi ne s'étendait qu'aux fabriques occupant plus de vingt ouvriers, ou aux ateliers pourvus de moteurs mécaniques, et ne protégeait que les enfants de huit à seize ans. Le travail de la femme adulte n'intéressait pas encore le législateur.

---

[1] Villermé, *Tableau de l'état physique et moral des ouvriers*, pp. 186 et suiv.

Le Gouvernement présenta à la Chambre des Pairs, le 15 février 1847, un projet de loi, dont l'article 2, inspiré du bill de 1844, assimilait aux adolescents de douze à seize ans, les filles et les femmes, quel que fût leur âge. La journée de travail était pour elles de douze heures au maximum, et le travail de nuit leur était interdit. Les Pairs votèrent ce projet le 21 février 1848. Le lendemain, éclatait la Révolution, qui ne donna pas au Gouvernement le temps de le soumettre à la Chambre des Députés.

La République de 1848, qui consacrait l'établissement du suffrage universel, pour la conquête duquel on avait renversé la Monarchie de Juillet, amenait au pouvoir un élément nouveau, le prolétariat.

Celui-ci, imbu des doctrines humanitaires de Saint-Simon, Fourier, Blanqui, que les abus de l'industrialisme avaient émus, réclama une réglementation complète du travail, pour les ouvriers des deux sexes.

Dès le 2 mars, pour contenter le peuple de Paris, de qui il tenait sa puissance, le Gouvernement provisoire rendait le décret suivant :

Le Gouvernement provisoire :

Considérant : 1° qu'un travail manuel, trop prolongé, non seulement ruine la santé, mais encore, en l'empêchant de cultiver son intelligence, porte atteinte à la dignité de l'homme, 2°....

Décrète :

La journée de travail est diminuée de une heure. En conséquence, à Paris, où elle était de onze heures, elle est réduite à dix; en province, où elle avait été jusqu'ici de douze heures, elle est réduite à onze[1].

Cette réforme visait toutes les industries et tous les ouvriers. Elle était, peut-être, trop radicale, car les journées ne duraient pas alors onze et douze heures, comme le prétendait le décret, mais treize et quatorze heures.

Devant les inconvénients qu'il présentait pour l'industrie, ce décret fut abrogé par une loi des 9-14 septembre 1848, qui fixa uniformément, pour tout le pays, la durée maxima de la journée de travail à douze heures.

Ce texte est le premier qui ait, en France, protégé le travail des femmes. Encore, faut-il remarquer qu'il n'avait pas été fait pour elles ; ce n'est qu'en vertu de sa généralité même qu'il s'appliquait à leur labeur.

Les lois de 1841 et de 1848 furent très mal observées ; jamais la surveillance ne fut sérieusement organisée. D'après Jules Simon, les tisseurs de Lyon, en 1858, travaillaient seize à dix-huit heures par jour, les femmes étaient sans cesse debout, pendant treize et quatorze heures, les enfants, sans distinction d'âge, allaient à l'atelier à cinq heures du matin et n'en sortaient qu'à neuf et onze heures du soir[2].

En 1858, le gouvernement impérial fit mettre à l'étude un projet, ayant pour but d'organiser et d'étendre l'application de la loi de 1841 ; mais ce projet ne sortit pas des cartons des commissions, nommées à cet effet.

En 1867, une enquête fut ouverte sur la situation des ouvriers dans les manufactures, et M. de Freycinet reçut, du

[1] Cf. *Moniteur*, 1848, p. 2379.
[2] Jules Simon, *L'Ouvrière*, p. 42.

Gouvernement, la mission de se rendre en Angleterre, et d'y étudier l'application des lois protectrices du travail. La même année, M. de Forcade la Roquette présenta un projet de réglementation, visant les femmes et les enfants ; après un long et laborieux examen au Conseil d'État, ce projet fut déposé sur le bureau du Sénat, sous le ministère Plichon, le 28 juin 1870. Une fois encore, les événements vinrent retarder la réalisation d'une réforme, désirée depuis si longtemps.

Le 19 juin 1871, un grand industriel, M. Ambroise Joubert, saisit l'Assemblée nationale d'une proposition de loi, interdisant aux femmes le travail de nuit, et n'admettant les enfants dans les ateliers qu'à partir de l'âge de dix ans.

La protection accordée à la femme, quoique fort restreinte, fut l'objet de vives discussions. Beaucoup de députés voyaient, dans cette interdiction du travail de nuit, une atteinte à la puissance maritale, une violation de la liberté du travail, une contradiction avec la loi civile, qui fait capable la femme majeure de vingt et un ans. Malgré les efforts de M. Talon, rapporteur, la commission dut adopter cette manière de voir, et retrancher les femmes de la liste des personnes protégées. Lors de la troisième délibération, le 4 février 1873, M. Wolowski déposa un amendement, qui reproduisait le texte primitif en faveur des ouvrières. Son amendement fut repoussé par 507 voix contre 90[1]. On ne laissa subsister que l'interdiction faite aux filles et aux femmes majeures, par l'article 7, de pren-

---

[1] *Annales de l'Assemblée nationale*, t. XV (Séance du 5 février 1873), p. 556.

dre part « aux travaux souterrains des mines, minières et carrières ».

La loi fut promulguée le 19 mai 1874, et mise à exécution le 3 juin 1875. Elle fut ensuite complétée par les règlements d'administration publique, des 15 février, 27 mars, 12 mai, 13 mai, 14 mai et 22 mai 1875 ; 1er mars, 2 mars, 3 mars et 5 mars 1877 ; 29 août 1878 et 22 septembre 1879.

L'inspection et le contrôle créés par cette loi étaient insuffisants ; les commissions locales existaient, mais ne fonctionnaient pas. On s'aperçut, bien vite, des lacunes et des imperfections du texte de 1874, et, dès la fin de 1879, des propositions de révision étaient présentées au Parlement, par M. Nadaud, par M. Villain et nombre de leurs collègues. Toutes réclamaient l'interdiction du travail de nuit, pour les femmes majeures.

Une commission fut nommée à la Chambre des députés, avec M. Waddington comme rapporteur. Le 11 juin 1880, ce dernier déposa un rapport favorable, où il préconisait la nécessité « de donner aux classes ouvrières, les avantages physiques, moraux et intellectuels qui leur manquent aujourd'hui[1] ».

Le projet fut adopté par la Chambre, en première lecture, le 30 novembre 1880.

A la seconde lecture, qui occupa quatre séances en mars 1881, M. Diancourt fit adopter un amendement, limitant à onze heures la durée du travail des enfants au-dessous de dix-huit ans, et des femmes de tout âge. La Chambre ratifia et vota la modification le 29 mars 1881.

[1] Chambre des Députés. Session ordinaire 1880. *Journal officiel*, 11 juin 1880. *Débats parlementaires*, p. 618.

Le Sénat, saisi à son tour, accepta le projet en première lecture, mais le repoussa définitivement, le 24 février 1882, après un rapport de MM. Paris et Claude.

M. Waddington reprit, le 11 novembre 1882, l'ancienne proposition, et déposa son rapport, le 10 mars 1884. La fin de la législature ne permit pas d'en commencer la discussion.

Entre temps, le Ministre du Commerce et des Travaux publics, M. Hérisson, avait fait faire par la Commission supérieure du travail, organisée en vertu de l'article 23 de la loi de 1874, une enquête auprès des inspecteurs du travail, des commissions locales, des chambres de commerce, des chambres consultatives des arts et des manufactures, des conseils de prud'hommes et des différentes chambres syndicales, sur l'opportunité de la réglementation du travail.

Cette enquête, dont les résultats furent publiés en 1885, fut faite sous forme de questionnaire. Parmi les huit questions posées, nous relevons les deux suivantes, se référant plus spécialement à notre étude :

4° question. — *Le travail de nuit, doit-il être interdit aux femmes adultes?*

7° question. — *L'interdiction du travail de nuit des femmes, etc... doit-elle s'appliquer seulement aux usines et manufactures, ou à tous les établissements industriels?*

Les résultats de l'enquête servirent de base au projet de loi, dont M. Lockroy saisit la Chambre, au nom du Gouvernement, le 13 novembre 1886.

A ce moment, la Chambre avait à examiner cinq autres propositions, émanées de l'initiative parlementaire :

1° Proposition de M. Martin-Nadaud, sur la durée du travail, dans les usines et les manufactures (10 décembre 1880) ;

2° Proposition de MM. de Mun, Freppel, sur la protection des ouvriers par la réglementation du travail ;

3° Proposition de MM. Maurice Rouvier et Francis Laur, relative à la salubrité et à la sécurité du travail, dans les établissements industriels ;

4° Proposition de MM. Félix Faure et Martin-Nadaud, concernant l'hygiène et la sécurité du travail, dans les manufactures, usines, mines, chantiers et ateliers (10 décembre 1885) ;

5° Proposition de MM. Camelinat, Basly, Laguerre, Clovis Hugues, Brialou, etc., sur le travail des femmes et des enfants (15 juillet 1886).

Le projet du Gouvernement prit le pas sur les propositions d'initiative privée, et M. Waddington rédigea à son sujet un rapport, qu'il déposa le 13 décembre 1887. La Chambre le discuta en première lecture, les 2, 9, 11, 12, 14, 16, 18 et 19 juin 1888, et en deuxième lecture, les 29 janvier, 2, 4 et 5 février 1889.

La Chambre interdisait le travail de nuit, à toutes les femmes, de neuf heures du soir à cinq heures du matin. La journée était fixée à un maximum de onze heures, pour les femmes au-dessus de dix-huit ans.

Le projet fut déposé au Sénat, le 8 mars 1889, et M. Charles Ferry fit son rapport, le 20 juin 1889. La Chambre Haute supprima les femmes majeures de l'énumération des personnes protégées. C'était un recul et un refus de perfectionner la loi de 1874.

Revenu à la Chambre, le projet fut discuté de nouveau

les 5, 7 et 8 juillet 1890, et les 27, 31 janvier, 2, 3, 5 et 7 février 1891. Une commission, présidée par M. Ricard, fut chargée d'entendre les dépositions des diverses catégories d'ouvriers intéressés. Finalement, sur le rapport de M. Waddington, la Chambre rétablit en faveur des femmes les dispositions que le Sénat avait supprimées.

Le Sénat modifia encore le projet, à la demande de M. Tolain, tout en acceptant l'interdiction du travail de nuit pour les femmes, les 3, 6, 7, 9, 10, 16 et 17 juillet 1891 et les 22, 26, 27 octobre, 5 et 9 novembre 1891. Cette concession, faite par le Sénat, à la majorité de la Chambre, était le résultat indirect des vœux émis, en 1890, par la Conférence de Berlin. A ce congrès international, on avait demandé la suppression du travail de nuit pour la femme, et la limitation de son labeur quotidien à onze heures, y compris les repos. Le Sénat cédait sur le premier point, mais se montrait irréductible sur la réglementation de la journée. A son avis, la femme adulte n'avait nullement besoin de faire protéger son travail diurne.

La Chambre reçut donc le projet, amendé par le Sénat, et maintint la fixation du travail des femmes majeures à dix heures (19 décembre 1891).

Le Sénat, après avoir longuement hésité, fit enfin une dernière concession : il admit, pour les femmes, la journée de onze heures (22, 28 et 29 mars 1892).

Pour ne pas éterniser le débat, et courir le risque de voir la loi définitivement ajournée, M. Maurice Sibille pria la Chambre d'accepter purement et simplement le texte adopté par le Sénat (29 octobre 1892). La Chambre se rangea à ce sage conseil, et la loi *sur le travail des enfants, des filles mineures et des femmes dans les éta-*

blissements industriels fut promulguée le 2 novembre 1892, après une élaboration qui avait duré plus de cinq années¹.

¹ L'étude de la loi de 1892 a donné lieu à de très intéressantes discussions entre les diverses écoles économiques représentées au Parlement. Nous avons cru devoir citer quelques-uns des principaux discours prononcés à la Chambre des députés :

ÉCOLE LIBÉRALE : M. Frédéric Passy (*Débats parlementaires* : 2 juin 1888, pp. 1616 et 1617 ; 9 juin 1888, pp. 1714-1715 ; 12 juin 1888, pp. 1751-1752 ; 29 janvier 1889, p. 238). — M. Yves Guyot (*Débats parlementaires* : 2 juin 1888, pp. 1622-1623 ; 9 juin 1888, pp. 1716 à 1719 ; 4 février 1889, pp. 302 à 306). — M. Fernand Faure (*Débats parlementaires* : 12 juin 1888, pp. 1753 à 1760 ; 14 juin 1888, p. 1764. — M. Andrieux (*Débats parlementaires* : 11 juin 1888, p. 1730). — M. Lavergne *Débats parlementaires* : 11 juin 1888, p. 1732 ; 16 juin 1888, p. 1787. — M. Récipon (*Débats parlementaires* : 12 juin 1888, p. 1747. — M. Sabatier (*Débats parlementaires* : 14 juin 1888, p. 1765). — M. Rigaut (*Débats parlementaires* : 16 juin 1888, p. 1782). — M. Marty (*Débats parlementaires* : 16 juin 1888, p. 1784). — M. Jonglez (*Débats parlementaires* : 14 juin 1888, p. 1771). — M. Albert Ferry (*Débats parlementaires* : 29 janvier 1889, pp. 232 à 235). — M. Duchesne (*Débats parlementaires* : 2 février 1889, p. 282). — M. Délisse (*Débats parlementaires* : 2 février 1889, p. 277. — M. Laroche-Joubert (*Débats parlementaires* : 2 février 1889, p. 281 ; 2 février 1891, pp. 184-190).

ÉCOLE INTERVENTIONNISTE : M. Waddington (*Débats parlementaires* : 2 juin 1888, pp. 1617-1619 à 1623 ; 11 juin 1888, p. 1731 ; 14 juin 1888, p. 1765 ; 16 juin 1888, pp. 1784 à 1787 ; 29 janvier 1889, p. 239 ; 2 février 1889, pp. 278 à 282). — M. Léon Renard (*Débats parlementaires* : 2 juin 1888, p. 1615). — M. Lyonnais (*Débats parlementaires* : 9 juin 1888, pp. 1710 à 1715 ; 29 janvier 1889, pp. 235 à 240). — M. Brialou (*Débats parlementaires* : 9 juin 1888, p. 1716. — M. Martin-Nadaud (*Débats parlementaires* : 12 juin 1888, p. 1745 à 1748 ; 2 février 1889, p. 284). — M. de Mun (*Débats parlementaires* : 2 juin 1888, p. 1623 ; 11 juin 1888, pp. 1727 à 1729 ; 29 janvier 1889, p. 241 ; 2 février 1891, pp. 185 à 191 ; 29 octobre 1892, p. 1370). — Mgr Freppel (*Débats parlementaires* : 3 février 1891, p. 208). — M. Keller (*Débats parlementaires* : 2 février 1889, p. 282). — M. Déroulède (*Débats parlementaires* : 5 février 1891, pp. 227-236).

ÉCOLE SOCIALISTE : M. Camélinat (*Débats parlementaires* : 9 juin 1888, pp. 1719 à 1722 ; 12 juin 1888, p. 1753 ; 29 janvier 1889, p. 240). — M. Antide Boyer (*Débats parlementaires* : 14 juin 1888, p. 1766 ; 2 février 1891, p. 183 ; 3 février 1891, p. 213 ; 19 décembre 1891, p. 2749). — M. Basly (*Débats parlementaires* : 12 juin 1888, p. 1748). — M. Millerand (*Débats parlementaires* : 14 juin 1888, p. 1762). — M. Gabriel (*Débats parlementaires* : 2 février 1891, p. 192). — M. Ferroul (*Débats parlementaires* : 2 février 1891, p. 193). — M. Dumay (*Débats parlementaires* : 2 février 1891, p. 195).

CHAPITRE V

ÉTUDE DES PRESCRIPTIONS DE LA LOI
DU 2 NOVEMBRE 1892
RELATIVES AU TRAVAIL DES FEMMES ADULTES

La loi du 2 novembre 1892, sur le travail des enfants, des filles mineures et des femmes, dans les établissements industriels, comprend 32 articles, répartis entre 9 sections.

Nous n'étudierons que les articles intéressant directement le travail des femmes et ses sanctions.

Article 1er. — Le travail des enfants, des filles mineures et des femmes, dans les usines, manufactures, mines, minières et carrières, chantiers, ateliers et leurs dépendances, de quelque nature que ce soit, publics ou privés, laïques ou religieux, même lorsque ces établissements ont un caractère d'enseignement professionnel ou de bienfaisance, est soumis aux obligations déterminées par la présente loi.

Toutes les dispositions de la présente loi s'appliquent aux étrangers, travaillant dans les établissements ci-dessus désignés.

Sont exceptés, les travaux effectués dans les établisse-

7

ments, où ne sont employés que les membres de la famille,
sous l'autorité, soit du père, soit de la mère, soit du
tuteur. Néanmoins, si le travail s'y fait à l'aide de chau-
dière à vapeur ou de moteur mécanique, ou, si l'industrie
exercée est classée au nombre des établissements dange-
reux ou insalubres, l'inspecteur aura le droit de pres-
crire les mesures de sécurité et de salubrité à prendre,
conformément aux articles 12, 13 et 14.

Remarquons, d'abord, que la loi s'applique à toutes les
femmes, quel que soit leur âge. Les mêmes dispositions de
la loi sont communes aux filles mineures de dix-huit ans et
aux femmes majeures de vingt-un ans, mariées ou non.
Toutes les femmes, quelle que soit leur nationalité, sont
soumises, en France, aux prescriptions de la loi du
2 novembre 1892.

D'ailleurs, pareille extension de la loi de 1874 avait été
faite, aux étrangers, par les tribunaux, en raison de son
caractère de police et de sûreté générale (Aix, 7 février
1884. *Gazette du Palais*, 1884, 1. 738).

La loi de 1892, n'ayant pas été déclarée applicable aux
colonies, ne concerne que les établissements situés sur le
territoire continental de la France[1].

La réglementation du travail ne vise que les travaux
industriels ; par conséquent, ceux dont l'énumération suit
ne sont pas soumis à la loi :

1° *Les travaux du commerce.* — En effet, les employés
de bureau, les commis de magasin, les hommes ou les

---

[1] Chambre des Députés. Session ordinaire 1888. *Journal officiel,*
Débats parlementaires, 5 février 1888.

femmes qui embarquent ou débarquent les marchandises sur les quais, etc., ne font pas un travail qui s'exerce sur des matières premières, ou qui crée des objets destinés à l'échange. M. Dumay avait, le 5 juillet 1890 et le 27 janvier 1891, proposé à la Chambre d'étendre la protection aux employés de magasin. Mais, deux fois son amendement fut repoussé : il fut décidé, conformément au rapport de M. Waddington, présenté à la Chambre le 17 juin 1890, que « la réglementation des magasins serait réservée pour une autre œuvre législative ». Le même rapport ajoutait, que, « si l'on exécute, dans l'établissement commercial, quelques travaux de fabrication, qui ne sont que l'accessoire indispensable de la vente, tels que les travaux d'emballage, ils sont réputés commerciaux, et la loi ne s'y applique pas ». Un jugement du tribunal de simple police de Reims, du 16 juillet 1894 (Dalloz, 1895, 2. 56), a déclaré que la loi de 1892 ne concernait pas le travail commercial, effectué dans un magasin de vente, distinct de l'atelier de fabrication (en l'espèce, il s'agissait d'un magasin de vente, annexé à un atelier de couture).

D'après un avis du Conseil d'État du 7 juillet 1894, la loi de 1892 ne s'applique pas au travail exécuté chez les boulangers, bouchers, charcutiers, pâtissiers, restaurateurs et cuisiniers, dont la profession se rattache plus à la vie domestique qu'à l'industrie proprement dite. Comme conséquence de cet avis, une circulaire ministérielle fut envoyée, à la même date, enjoignant aux inspecteurs de n'avoir plus à exercer de surveillance dans lesdits établissements.

2° *Les travaux agricoles.* — Par travail agricole, il faut

entendre tout travail qui a pour but la culture, la récolte
des fruits de la terre, ainsi que l'élevage des animaux. Lors
de la discussion de la loi de 1874. on avait déjà considéré
comme agricoles, l'arrachage, le sarclage des plantes
oléagineuses. Une instruction ministérielle du 12 octobre 1880, toujours en vigueur devant le silence de la
loi de 1892, confirma cette interprétation. Mais, certains
travaux industriels peuvent être la conséquence d'un travail
agricole. Il est indiscutable que, si un agriculteur annexe
à sa ferme une distillerie ou un moulin, même au cas où
il n'y manipulerait que ses propres produits, il devra être
considéré comme le chef d'une exploitation industrielle,
quelque peu importante soit elle, et soumis, à ce titre, aux
prescriptions de la loi.

3° *Les travaux de l'esprit.* — Les professions libérales
échappent à la loi de 1892, ainsi que tout travail où les
mains ne jouent qu'un rôle accessoire. La loi ne protège
donc pas les personnes travaillant dans un laboratoire, un
musée, un atelier de peintre ou de sculpteur, une étude
d'officier ministériel, etc.

4° *Les travaux domestiques.* — Ces travaux n'ont, en
général, rien de commun avec le travail industriel, et ne
présentent pas les mêmes dangers. D'ailleurs, on comprend
que le législateur ait laissé ces travaux de côté, devant les
ennuis et les inconvénients que présenterait leur surveillance.

Tous les travaux, ne rentrant pas dans une des quatre
classes ci-dessus énumérées, sont soumis à la réglementation, dès qu'ils prennent un caractère industriel quel-

conque. L'article 1er, paragraphe 1er de la loi de 1892, n'est pas limitatif : c'est ainsi que, dans l'expression « ateliers de quelque nature que ce soit », on a compris des travaux qui ne sont pas exécutés dans un atelier, ni dans un chantier. Par exemple : le travail des ramoneurs, des couvreurs, des maçons, etc., ont été soumis à la réglementation.

La loi exerce encore sa surveillance sur les dépendances des usines, manufactures, mines, ateliers, etc. Elle ne définit pas ce qu'il faut entendre par là, mais on comprend généralement, sous le terme de dépendances, toute annexe de l'établissement, et servant soit à l'exploitation industrielle, soit au logement des travailleurs. Ainsi seront considérés comme dépendances, les dortoirs, réfectoires, entrepôts, etc., même au cas où un espace plus ou moins grand les séparerait de l'établissement principal. L'inspection ne s'arrête qu'au seuil de l'appartement personnel du chef d'industrie.

La loi s'applique, sans aucune distinction, aux établissements privés ou publics, laïques ou religieux, où s'exerce un travail industriel quelconque, à titre de spéculation, de bienfaisance, ou d'enseignement professionnel.

La réglementation ne souffre qu'une exception : celle en faveur des ateliers de famille (art. 1er, § 3). Pour qu'on soit en présence d'un atelier de famille, il faut que les personnes qui y sont employées soient toutes sous l'autorité du père, de la mère ou du tuteur. Si donc, le chef d'industrie est un tiers, l'exception disparait, alors même que les parents travailleraient à côté de leurs enfants. La présence d'un étranger dans l'atelier suffit à faire perdre à celui-ci son caractère familial. Pourtant, on peut admettre que la coopération d'un parent, sous la direction du père, de la mère ou du tuteur, n'enlève rien au cachet de famille de l'atelier.

Si l'industrie, exercée dans l'atelier de famille, est dangereuse ou insalubre, ou encore exige l'emploi d'une chaudière à vapeur, ou d'un moteur mécanique, les prescriptions de la loi deviennent obligatoires, et l'inspecteur a le droit d'y pénétrer pour vérifier les mesures de précaution prises. Néanmoins, cet atelier échappe à la loi, en ce qui concerne la réglementation du travail.

Après avoir recherché les diverses industries auxquelles peut s'appliquer la loi de 1892, étudions, maintenant, les diverses prescriptions qu'elle renferme, à l'égard du travail des femmes adultes.

§ 1er. — Réglementation des heures de travail.

Article. 3. — ...*Les filles au-dessus de dix-huit ans et les femmes ne peuvent être employées à un travail effectif de plus de onze heures par jour.*

Les heures de travail, ci-dessus indiquées, seront coupées par un ou plusieurs repos, dont la durée totale ne pourra être inférieure à une heure, et pendant lesquels le travail sera interdit.

Cet article 3 donna lieu, en ce qui concerne les femmes, à de vives discussions, au sein des deux Chambres.

En 1889, la Chambre des Députés avait fixé la journée des femmes adultes et des filles mineures de dix-huit ans, à onze heures par jour.

Le Sénat rétablit la journée de douze heures pour les

trois catégories de travailleurs, sans distinction d'âge ni de sexe, conformément aux principes du décret-loi de 1848.

La Chambre accepta le projet du Sénat ; elle unifia la durée du travail pour les enfants et les femmes, mais réduisit leur journée à dix heures. Quant aux hommes adultes, elle les retrancha de l'énumération des personnes protégées par la loi en discussion. Ils restent soumis au décret de 1848.

En 1892, le Sénat, pour donner satisfaction aux partisans de la non-réglementation, vota un système transactionnel, auquel se rangea la Chambre, et qui passa définitivement dans la loi.

Le travail hebdomadaire des mineurs, de seize à dix-huit ans, a été réglé législativement, il n'en a pas été de même pour les femmes adultes de dix-huit ans : la loi n'a déterminé que le maximum de durée de leur journée.

Leur travail quotidien doit être coupé par un ou plusieurs repos, d'une durée totale de une heure au moins. Les temps de repos, même passés à l'usine, ne sont pas compris dans la durée des heures de travail. Avant 1894, il importait peu que le repos fût pris dans l'atelier, ou en dehors de l'atelier. Aujourd'hui, d'après l'article 9 du décret du 10 mars 1894, les ouvriers doivent passer leur temps de repos en dehors des ateliers.

EXCEPTIONS RELATIVES A LA DURÉE DU TRAVAIL

A. — Article 7. — *...Les restrictions, relatives à la durée du travail, peuvent être temporairement levées par l'inspecteur divisionnaire, pour les travailleurs visés à l'article 5, pour certaines industries, à désigner par le susdit règlement d'administration publique.*

D'après une circulaire ministérielle, en date du 12 août 1893, l'autorisation ne peut être donnée, par l'inspecteur divisionnaire, que dans les cas de nécessité absolue ; par exemple, lorsqu'il y a danger de perte ou de détérioration d'un produit, surproduction rendue momentanément nécessaire par les besoins de la mode, de l'exportation, etc.

La requête de l'industriel, à l'inspecteur divisionnaire, doit contenir la justification des motifs invoqués. L'autorisation fixe les délais pour lesquels elle est accordée, la date de leur commencement et de leur fin, les catégories d'ouvriers auxquels elle s'applique, et la durée maxima du travail quotidien. La loi, les décrets, n'ayant fixé de limite au nombre d'heures de travail journalier, exigible de chaque ouvrier, l'inspecteur a toute latitude, semble-t-il, d'après la circulaire précitée, pour la déterminer lui-même.

L'autorisation ne peut dépasser un mois. Si l'industriel a besoin d'une prolongation, l'inspecteur doit en référer au Ministre.

Les industries, appelées à bénéficier de l'exception de l'article 7, sont énumérées dans le décret du 15 juillet 1893, modifié par ceux des 26 juillet 1895, 29 juillet 1897 et 24 février 1898. Ce sont :

1° L'ameublement, la tapisserie, la passementerie pour meubles ;

2° La bijouterie et la joaillerie ;

3° Les fabriques de biscuits, employant le beurre frais ;

4° Les blanchisseries de linge fin ;

5° Les briqueteries en plein air ;

6° Le brochage des imprimés ;

7° La broderie et la passementerie pour confections ;

8° Les fabriques de cartons pour jouets, bonbons, cartes de visite, rubans ;

9° La confection de chapeaux en toutes matières pour hommes et femmes ;

10° La confection des corsets ;

11° Les confections, coutures et lingeries pour femmes et enfants ;

12° Les confections pour hommes ;

13° Les confections en fourrures ;

14° Les confiseries et fabriques de conserves (fruits, légumes, poissons);

15° Les corderies en plein air;

16° Les fabriques de couronnes mortuaires ;

17° Le délainage des peaux de mouton ;

18° La dorure pour ameublements ;

19° La dorure pour encadrements ;

20° L'extraction du parfum des fleurs ;

21° La fabrication des fleurs et des plumes ;

22° Les imprimeries typographiques, lithographiques et en taille douce ;

23° Les fabriques de jouets, bimbeloterie, petite tabletterie et articles de Paris ;

24° Les transformations du papier : enveloppes, cartonnage des cahiers d'école, registres, papiers de fantaisie ;

25° La fabrication des papiers de tenture ;

26° La reliure ;

27° Les réparations urgentes de navires et de machines motrices;

28° La teinture, l'apprêt, le blanchiment, l'impression, le gaufrage et le moirage des étoffes ;

29° Le tissage des étoffes de nouveautés, destinées à l'ha_
billement ;

30° Les tulles, dentelles et laizes de soie ;

31° La fabrication d'appareils orthopédiques ;

32° La fabrication de colles et gélatines ;

33° La fabrication de chaussures ;

34° La fabrication de parfumerie ;

35° La fabrication de bonneterie fine ;

36° La filature, le retordage de fils crêpés, bouclés et à
boutons, des fils moulinés et multicolores ;

37° Le dévidage de la soie pour étoffes de nouveautés ;

38° L'impression de la laine peignée, le blanchissage, la
teinture et l'impression des fils de laine, de coton
et de soie destinés au tissage des étoffes de nouveautés.

B. — Article 4, § 4. — ... *Il sera accordé, pour les
femmes et les filles âgées de plus de dix-huit ans, à certaines industries qui seront déterminées par un règlement d'administration publique, et dans les conditions
d'application qui seront précisées dans ledit règlement,
la faculté de prolonger le travail jusqu'à onze heures du
soir, à certaines époques de l'année, pendant une durée
totale qui ne dépassera pas soixante jours.*

*En aucun cas, la journée de travail effectif ne pourra
être prolongée au delà de douze heures...*

Cet article 4, § 4, déroge, ainsi, au principe porté en
l'article 3, § 3. Nous reviendrons sur cette dérogation, à
propos des exceptions à l'interdiction du travail de nuit
(p. 112. Exceptions temporaires A).

§ 2. — **Travail de nuit.**

Article 4, § 1er. — ... *Les femmes ne peuvent être em ployées à aucun travail de nuit, dans les établissements énumérés à l'article 1er.*

Article 4, § 2. — *Tout travail entre neuf heures du soir et cinq heures du matin est considéré comme travail de nuit...*

L'enquête, faite en 1885, avait montré l'absolue nécessité d'interdire aux femmes adultes le travail de nuit. De son côté, la Conférence de Berlin avait adopté, à la majorité de huit voix contre cinq, le vœu « que les filles et les femmes de plus de vingt et un ans fussent écartées du travail de nuit ».

En présence de ces manifestations, le Sénat finit, après de longues résistances, par accepter le principe et l'interdiction du travail de nuit.

Mais pour ne pas nuire à l'industrie, par un brusque changement dans ses habitudes, on a apporté au principe certains tempéraments, que nous étudierons en deux groupes intitulés :

Exceptions permanentes, Exceptions temporaires.

EXCEPTIONS PERMANENTES

A. — Article 4, § 2. — *Toutefois le travail sera autorisé, de quatre heures du matin à dix heures du soir, quand il sera réparti entre deux postes d'ouvriers, ne travaillant pas plus de neuf heures chacun.*

*Le travail de chaque équipe sera coupé par un repos
d'une heure au moins.*

C'est le système du travail à deux équipes, que la loi
a admis, pour procurer aux travailleurs protégés, une
journée de travail moins longue.

On compense ainsi le travail matinal et la veillée,
en diminuant de deux heures la journée normale des
femmes.

En pratique, les industriels qui emploient le système des
relais autorisés par la loi, sur la demande des fabricants
de lacets de Saint-Chamond (amendement de M. Charles
Neyrand, député de la Loire. Séance du 19 décembre 1891),
procèdent de la façon suivante :

La première équipe travaille de quatre heures du matin
à neuf heures, elle se repose pendant que la seconde lui
succède au travail, jusqu'à une heure. De une heure à
cinq heures, la première se remet à l'ouvrage ; enfin,
de cinq à dix heures du soir, la seconde équipe achève la
journée légale.

Nous étudierons plus loin les inconvénients des relais,
et les abus que leur emploi fait naître (Cf. pp. 127
et suiv.).

B. — Article 4, § 3. — *Il sera accordé à certaines industries, déterminées par un règlement d'administration
publique, l'autorisation de déroger, d'une façon permanente, aux dispositions des paragraphes 1 et 2 du présent article, mais sans que le travail puisse, en aucun
cas, dépasser sept heures par vingt-quatre heures.*

Ce texte est conçu en termes aussi larges que possible ;

il semble donc que, dans les établissements visés par le règlement qui était prévu, les enfants mineurs de dix-huit ans et les femmes de tout âge auraient dû pouvoir travailler la nuit, c'est-à-dire entre neuf heures du soir et cinq heures du matin. Mais le décret du 15 juillet 1893, « dont la légalité, sinon l'opportunité, pourrait être sérieusement contestée de ce chef[1] », n'a pas admis les enfants au bénéfice de l'exception. Seules, les filles majeures et les femmes sont autorisées à veiller.

Les travaux ainsi permis par le décret du 15 juillet 1893, sont limitativement énumérés dans l'article 2.

Ce sont :

1° Le brochage des imprimés ;
2° Le pliage des journaux ;
3° L'allumage des lampes de mines.

Le Parlement avait pris en considération les plaintes adressées par les plieuses de journaux, et il crut devoir leur accorder l'autorisation permanente de travailler la nuit. M. Waddington disait : « L'exception permanente, en faveur des plieuses de journaux, s'explique par le fait que ce travail ne peut guère se faire à d'autre moment, pour les journaux paraissant le matin, et que, d'autre part, il serait très dangereux de partir en guerre contre la presse[2]. »

L'excuse, à notre avis, n'a pas grande valeur, car pourquoi les journaux ne changeraient-ils pas l'heure de leurs

---

[1] Pic, *Traité élémentaire de législation industrielle*, p. 279.
[2] *Journal officiel, Débats parlementaires*. Chambre des Députés. 7 juillet 1890, p. 786.

éditions, ou n'emploieraient-ils pas des hommes au travail du pliage ?

Quoi qu'il en soit, le travail ne doit durer que sept heures par vingt-quatre. Pour limiter cette durée, il faut tenir compte de toutes les heures de travail de la journée, qu'il ait eu lieu ou non en partie pendant le jour. En effet, le jour légal de vingt-quatre heures va de minuit à minuit.

Vu la faible durée du travail, la loi n'a pas exigé de repos, pendant les sept heures permises.

C. — Article 6. — *Dans les usines à feu continu, les femmes majeures et les enfants du sexe masculin peuvent être employés la nuit, tous les jours de la semaine, aux travaux indispensables...*

Les travaux tolérés, et le laps de temps pendant lequel ils peuvent être exécutés, seront déterminés par un règlement d'administration publique.

Cette disposition existait déjà dans l'article 6 de la loi de 1874, mais elle ne s'appliquait qu'aux enfants âgés de douze ans au moins. Les décrets réglementaires du 22 mai 1875 et du 5 mars 1877 comprenaient, sous la dénomination d'usines à feu continu :

1° Les papeteries ;

2° Les sucreries ;

3° Les verreries ;

4° Les usines métallurgiques.

La loi de 1892 n'a pas précisé davantage ce qu'il faut entendre par usine à feu continu. Théoriquement, une

usine à feu continu est celle où l'emploi d'une source calorique continue est nécessaire, soit à cause des grandes
dimensions du foyer, soit à cause de la nature des transformations que l'on y fait subir à la matière première.

Le décret réglementaire du 15 juillet 1893, modifié par
les décrets des 26 juillet 1895, 29 juillet 1897 et 24 février
1898, a énuméré dans son article 4 les industries auxquelles
s'applique l'article 6 de la loi de 1892.

Ce sont :

1° Les fabriques d'amidon de maïs ;

2° Les distilleries de betteraves ;

3° Les fabriques d'objets en fer ou en fonte émaillés ;

4° Les usines pour l'extraction des huiles ;

5° Les papeteries ;

6° Les fabriques et les raffineries de sucres ;

7° Les usines métallurgiques ;

8° Les verreries.

Pour les six premières industries, l'autorisation est
donnée aux garçons mineurs de dix-huit ans et aux
femmes majeures de vingt et un ans. Pour les deux dernières, elle est refusée aux filles et aux femmes adultes.

Cependant, depuis 1898, les femmes peuvent être occupées la nuit dans les verreries, à trier et à ranger les bou-
teilles (art. 4, décret du 24 février 1898).

Des tableaux, annexés aux différents décrets précités,
énumèrent limitativement les travaux tolérés, la nuit, dans
ces diverses industries. Ce sont généralement des travaux
accessoires ou préparatoires, et n'excédant pas les forces
des personnes protégées. Le décret de 1893 a fixé la durée
de ces travaux nocturnes à dix heures par vingt-quatre

heures ; de plus, ils doivent être coupés par un ou plusieurs repos, d'une durée minima de deux heures.

EXCEPTIONS TEMPORAIRES

A. — Article 4, § 4. — *Il sera accordé, pour les femmes et les filles âgées de plus de dix-huit ans, à certaines industries, qui seront déterminées par un règlement d'administration publique, et dans les conditions d'application qui seront précisées dans ledit règlement, la faculté de prolonger le travail jusqu'à onze heures du soir, à certaines époques de l'année, pendant une durée totale qui ne dépassera pas soixante jours. En aucun cas, la journée de travail effectif ne pourra être prolongée au delà de douze heures.*

Ce texte autorise exceptionnellement les veillées, qu'il est, paraît-il, malheureusement impossible, dans l'état présent de l'organisation industrielle, de supprimer complètement. L'autorisation est temporaire et ne peut être accordée pour plus de soixante jours par an.

Le premier décret rendu par application de l'article 4, § 4, est du 15 juillet 1893. Il fixait, selon les industries, les deux mois pendant lesquels les veillées étaient autorisées. Le Conseil d'État, sur l'avis conforme du Comité consultatif des arts et manufactures, et de la Commission supérieure du travail, avait pensé que l'on pouvait déterminer, strictement d'avance, les périodes de surproduction se produisant dans les dix-sept branches d'industrie autorisées à veiller. C'était une erreur.

Par exemple, dans l'ameublement, la tapisserie, la passementerie pour meubles, les ouvrières étaient autorisées à travailler jusqu'à onze heures du soir, pendant soixante jours consécutifs, du 1er décembre au 31 janvier, parce que c'étaient là, pensait-on, les deux mois de l'afflux des commandes pressées. Or, leur gros travail se passerait, d'après un rapport de M. Barthou (Chambre, 1894, annexe n° 372) du 15 octobre au 15 décembre ! Les bijoutiers, à qui on donnait décembre et mai, demandaient octobre et novembre. La chapellerie, autorisée à veiller en février et mars, a sa saison en septembre et octobre, etc.

Devant les inconvénients pratiques de la fixation d'avance, le décret du 26 juillet 1895 a abrogé ce système : il laisse à l'industriel le soin de déterminer, lui-même, les périodes de presse.

Les chefs des industries, dit l'article 6 du décret de 1895, autorisées.... à prolonger le travail jusqu'à onze heures du soir, en vertu de l'article premier, devront prévenir l'inspecteur ou l'inspectrice, chaque fois qu'ils voudront faire usage de ces autorisations. L'avis sera donné par l'envoi, avant le commencement du travail exceptionnel, d'une carte postale, d'une lettre sous enveloppe ou d'un télégramme, de façon que le timbre de la poste fasse foi de la date dudit avis. Une copie de l'avis sera immédiatement affichée dans un endroit apparent des ateliers, et y restera apposée, pendant toute la durée de la dérogation.

Le décret de 1893 avait autorisé dix-sept branches d'industrie à veiller jusqu'à onze heures du soir. Le décret de 1895 a restreint cette autorisation à cinq industries seulement (art. 1er).

Ce sont :

1° La broderie et la passementerie pour confections ;

2° La confection de chapeaux en toutes matières pour hommes et femmes ;

3° Les confections, coutures et lingeries, pour femmes et enfants ;

4° Les confections en fourrures ;

5° Le pliage et l'encartonnage des rubans.

Remarquons, enfin, que l'autorisation de veiller ne s'applique pas aux enfants mineurs de dix-huit ans, de l'un et de l'autre sexe.

B. — Article 4, § 6. — *Le même règlement pourra autoriser, pour certaines industries, une dérogation temporaire aux dispositions précitées.*

L'exception prévue par ce paragraphe 6 eut, jusqu'en 1895, de fâcheuses conséquences. En effet, l'article 5 du décret du 15 juillet 1893, qui énumérait les industries auxquelles il était permis, en vertu de ce paragraphe 6, de déroger temporairement à l'interdiction du travail de nuit, comprenait certaines industries profitant déjà de l'exception prévue en l'article 4, § 4 (Veillée jusqu'à onze heures du soir pendant soixante jours, sans que la journée puisse dépasser douze heures de travail effectif).

Par suite, les imprimeries, les confections de chapeaux, les lingeries, les fleurs artificielles, les fourrures, etc., étaient admises au bénéfice de deux exceptions : deux mois accordés pour les veillées des femmes et filles majeures de dix-huit ans ; délai *illimité* imparti pour le travail temporaire de nuit, *sans fixation* de la durée quotidienne du travail de nuit, et *sans détermination* du personnel, auquel la dérogation temporaire du paragraphe 6 pouvait s'appliquer.

Nous disons que la dérogation pouvait être illimitée : en effet, une exception accordée pour dix mois sur douze, par exemple, est temporaire. Dans le silence de la loi, le décret aurait pu annihiler en fait la prohibition du travail de nuit, pour les industries en question. Pourtant, le règlement de 1893 avait déterminé un nombre maximum de jours, variant de trente à cent vingt, pendant lesquels le patron pouvait garder, la nuit, ses employés à l'atelier.

La loi de 1892 n'avait pas, d'autre part, fixé la durée du travail de nuit ; il fallait donc s'en référer au droit commun, et admettre que les enfants employés la nuit, dans les industries bénéficiaires de la dérogation, dussent travailler dix heures, et les femmes onze heures. Le décret de 1893, en établissant un maximum uniforme de dix heures, ne commettait-il pas une illégalité ?

Enfin, la loi, en ne stipulant pas que l'exception temporaire dût s'appliquer aux femmes adultes à l'exclusion des enfants, allait permettre des abus regrettables. Sur ce point, le décret de 1893 n'a pas osé corriger ou compléter la loi, et, actuellement encore, la dérogation temporaire du paragraphe 6, comprend tout le personnel protégé.

On voit, dès lors, combien la situation des ouvrières, travaillant dans les imprimeries, modes, etc., devenait intolérable, si le patron cumulait les deux exceptions des paragraphes 4 et 6, ce qui était évidemment son droit [1].

---

[1] Bry, *Cours de législation industrielle*, p. 335.

La femme devait, à ce moment-là, travailler douze heures, jusqu'à onze heures du soir (§ 4), et prolonger sa journée jusqu'à sept heures du matin, (§ 6 et article 4 du décret). En effet, d'après le § 2 de l'article 4, le travail de nuit se compte à partir de neuf heures du soir. A neuf heures du soir, l'ouvrière avait encore à fournir deux heures en vertu du § 4, ce qui lui permettait de gagner deux heures sur les dix de nuit, autorisées par le § 6 et l'article 4 du décret.

Bref, l'ouvrière arrivait à travailler vingt heures par jour, un mois au moins, deux mois au plus ! Était-ce bien là le but poursuivi par le législateur de 1892 ?

Le décret du 26 juillet 1895 vint heureusement mettre ordre à ces abus. Il laisse subsister la dérogation en faveur de toutes les personnes protégées, femmes, filles et enfants et maintient la durée maxima du travail de nuit à dix heures par vingt-quatre heures.

Mais il a limité l'exception temporaire aux seules industries où l'on se trouve, pour une cause indépendante de la volonté de l'homme, dans la nécessité de travailler la nuit. Ce sont les industries dans lesquelles la matière première doit être manipulée, sans retard ni interruption, sous peine d'être perdue. Le décret du 26 juillet 1895, modifié par celui du 29 juillet 1897, reconnaît ce caractère d'urgence aux travaux exécutés dans :

1° La confiserie (90 jours) ;
2° Les conserves alimentaires (90 jours) ;
3° Les conserves de poissons (90 jours) ;
4° Le délainage des peaux de mouton (60 jours) ;
5° L'extraction de parfums des fleurs (90 jours) :

6° Les fabriques de pâtes alimentaires et de biscuits, employant le beurre frais (30 jours) ;

7° Les réparations urgentes de navires et de machines motrices (120 jours) ;

8° La tonnellerie pour l'embarillage des produits de la pêche (90 jours).

Notons que le chef de l'industrie doit, en vertu de l'article 6 du décret de 1895, prévenir l'inspecteur, chaque fois qu'il veut faire usage de la dérogation temporaire du § 6 de l'article 4.

C. — Article 4, § 7. — *En outre, en cas de chômage résultant d'une interruption accidentelle ou de force majeure, l'interdiction ci-dessus (du travail de nuit) peut, dans n'importe quelle industrie, être temporairement levée par l'inspecteur, pour un délai déterminé.*

Cette exception temporaire s'applique à tout le personnel protégé par la loi. Elle s'explique fort bien, par la nécessité où se trouve un industriel, de regagner le temps perdu pendant une crise ou un chômage : mais en tous cas, l'interruption de travail ne doit pas provenir de la simple volonté du patron. Parmi les cas de force majeure, on peut citer : les accidents qui surviennent aux machines, les épidémies qui sévissent sur les ouvriers, l'occupation des locaux de l'usine par des troupes, l'incendie, l'inondation, l'abaissement des eaux dans les établissements à moteur hydraulique, la grève des ouvriers, etc.

D'après la Circulaire du Ministre du Commerce en date du 19 décembre 1892, les prescriptions de la loi, relatives à la durée du travail, doivent continuer à être observées, lorsque l'inspecteur lève temporairement l'interdiction du travail de nuit.

L'industriel adresse sa requête à l'inspecteur départemental, qui accorde l'autorisation, s'il y a lieu ; mais sa décision doit être ratifiée, dans les quarante-huit heures, par l'inspecteur divisionnaire, qui fixe les délais de la tolérance. Ceux-ci ne peuvent dépasser un mois ; si l'industriel a besoin d'une prolongation, la demande doit en être faite au Ministre, par l'inspecteur divisionnaire.

Il n'est pas nécessaire, pour que l'interdiction du travail puisse être ainsi temporairement levée, que le chômage soit général. Un accident survenu à une machine, par exemple, peut causer une interruption de travail, dans une partie de l'usine, et entraîner un chômage partiel[1].

En ce cas, l'inspecteur peut autoriser, temporairement, le travail de nuit.

Remarque. — En terminant l'étude des exceptions apportées au principe de l'interdiction du travail de nuit, notons que, dans certaines industries, et à certaines époques, les femmes et les enfants peuvent être employés *pendant toute la nuit, et un nombre indéterminé d'heures pendant le jour.* Ce résultat, certainement imprévu par le législateur, peut être obtenu par le cumul des dérogations, contenues dans l'article 7 et dans le § 6 de l'article 4.

En effet, nous avons vu que l'inspecteur peut lever, pour un mois, les restrictions relatives à la durée du travail, pour certaines industries, et fixer librement le nombre d'heures qu'il juge utiles au travail de jour (article 7).

---

[1] Dalloz, *Jurisprudence générale*, Vᵒ Industrie et Commerce, 45.

D'autre part, le § 6 de l'article 4 permet à certaines industries de déroger à l'interdiction du travail de nuit pendant un délai de 30 à 120 jours, après avis donné à l'inspecteur (article 4, § 6).

L'énumération des industries, visées dans ces deux articles, a été faite par les décrets de 1893, 1895, 1897 et 1898 (articles 3 et 5).

Or, les industries suivantes sont citées comme pouvant bénéficier des deux exceptions de l'article 7 et de l'article 4, § 6 : les confiseries, les conserves de fruits, de légumes et de poissons, le délainage des peaux de mouton, l'extraction du parfum des fleurs et les réparations urgentes de navires et de machines motrices.

Nous n'insisterons pas sur les inconvénients de ce cumul, pour les personnes protégées ; regrettons seulement que la combinaison des deux textes précités lui donne un caractère légal.

§ 3. — Repos hebdomadaire et jours fériés.

L'utilité d'un jour de repos par semaine n'a jamais été contestée par personne. Si la femme, dont la fatigue est rapide, est retenue à l'usine, tous les jours sans exception, si jamais elle ne peut se reposer, sa santé chancelle et la productivité de son travail s'en ressent.

Dans la discussion de la loi de 1892, le principe du repos hebdomadaire a été admis par tout le monde, et étendu à toutes les personnes protégées.

Article 5. — *Les enfants âgés de moins de dix-huit ans, et les femmes de tout âge, ne peuvent être employés dans les établissements énumérés à l'article 1ᵉʳ, plus de six jours par semaine, ni les jours de fête reconnus par la loi, même pour rangement d'atelier.*

Une affiche, apposée dans les ateliers, indiquera le jour adopté pour le repos hebdomadaire.

Le Parlement n'a pas voulu fixer le jour du repos hebdomadaire ; il en a laissé le soin au chef d'industrie et aux ouvriers.

La loi de 1851 sur l'apprentissage, celles de 1841 et de 1874 exigeaient que ce jour de repos fût le dimanche. Les mœurs, les nécessités de famille ont, de tout temps, désigné le dimanche comme le jour de repos par excellence, toute considération d'opinion et de croyance mise de côté.

Les Chambres, les administrations, les écoles, l'armée, etc., se reposent le dimanche, les réunions de famille ont lieu le dimanche, etc.

D'autre part, la fixation du jour de chômage par la loi aurait eu l'avantage de faciliter l'application de ses prescriptions, de rendre la surveillance de son exécution plus efficace. Mais le législateur de 1892 a craint, en imposant le chômage du dimanche, de violer la liberté de conscience et de contredire la loi du 12 juillet 1880, qui abroge celle du 18 novembre 1814, sur la célébration du dimanche.

Le choix du jour de repos est laissé aux intéressés. En fait, c'est le patron qui fixe ce jour. Mais, quand il embauche un ouvrier, celui-ci peut toujours accepter ou refuser le jour désigné pour le chômage. Comme une affiche apposée dans l'atelier indique le repos hebdomadaire, l'ouvrier est censé accepter cette fixation, en même temps que les autres parties du règlement de l'atelier où il entre. Par suite, le patron ne peut faire travailler l'ouvrier le jour fixé pour le repos ou lui imposer un autre jour de chômage ; en cas de renvoi pour refus de travail ou pour refus d'acceptation d'un nouveau jour, l'ouvrier peut intenter au patron une action en dommages-intérêts, d'après le nouvel article 1780 du Code civil (loi du 27 décembre 1890). De même, le patron peut congédier justement l'ouvrier qui refuse de travailler un autre jour que celui qui a été convenu.

Au cours de l'engagement, toute modification au tableau des jours de repos comporte l'accord des deux parties en présence. Si l'entente ne peut s'établir, le changement proposé ne peut avoir lieu tant que dure le contrat qui lie le patron à l'ouvrier [1].

Ajoutons que la loi n'oblige pas le patron d'avoir un jour de repos uniforme pour tout son personnel. Il peut instituer un roulement entre ses ouvriers, de façon que le travail ne soit jamais complètement interrompu.

M. de Mun avait proposé à la Chambre, le 7 juillet 1890, de voter, outre l'obligation du repos dominical, la fixation à huit heures de la journée du samedi, pour tout le personnel protégé, comme cela se pratique en Angleterre, en Suisse, aux États-Unis, etc. La diminution du travail, le samedi, permettrait à tout le monde de jouir d'un repos complet le dimanche, en facilitant la mise en ordre de la maison dès le samedi après midi [2]. Mais la Chambre ayant refusé de sanctionner le premier amendement de M. de

---

[1] Lagrésille, *Commentaire de la loi du 2 novembre 1892*, p. 73.
[2] Chambre des Députés. Session ordinaire 1890. *Journal officiel*, 7 juillet 1890. *Débats parlementaires*, pp. 788 et suiv.

Mun, sur le chômage dominical, l'honorable député dut
retirer le second sur la demi-journée du samedi.

Le jour de repos peut-il différer pour le même ouvrier,
suivant les semaines? Par exemple, le jour de chômage
peut-il être le dimanche une semaine et le lundi la semaine
suivante, de façon que l'ouvrier ait quarante-huit heures
consécutives de repos?

Devant le mutisme de l'article 5 sur cette combinaison,
celle-ci nous paraît illégale. En effet, la loi stipule
expressément que l'on ne peut être employé plus de six
jours par semaine; la combinaison précitée oblige, au
contraire, l'ouvrier à un travail de douze jours consécutifs.
Par conséquent est juridique le refus opposé à des maîtres
de forge qui voulaient employer des enfants pendant douze
jours de suite, suivis de deux jours de repos, nécessaires
pour la réparation des fours [1].

L'affichage du jour adopté pour le repos hebdomadaire,
est imposé au patron, sous peine de contravention aux
prescriptions de la loi. Il permet à l'inspecteur de vérifier
si la loi est observée et évite des contestations entre le
patron et les ouvriers.

Si le jour de repos n'est pas le même pour tous les
ouvriers de l'usine, l'affiche doit faire exactement connaître
quels sont les différents jours choisis et quelles sont les
diverses équipes d'ouvriers appelées à jouir du repos à
chacun des jours adoptés.

La loi a aussi rendu le repos obligatoire, les jours de
fête légalement reconnus, pour toutes les personnes protégées. Cette obligation a la même portée, quant à la

---

[1] *Journal officiel* du 9 décembre 1896, p. 6705.

cessation complète du travail, que celle du repos hebdomadaire ; mais, au lieu d'être fixé au jour convenu par les
intéressés, le repos est ici fixé par la loi aux jours de fête
légale.

Il y a deux sortes de fêtes légales :

1° Celles désignées par l'article 57 de la loi organique
du 18 germinal an X et par l'arrêté de conformité du
29 germinal an X. Elles ont un caractère essentiellement
religieux et ont été maintenues par la loi du 18 juillet 1880,
qui n'a supprimé que la célébration du dimanche.

Ce sont : Noël, l'Ascension, l'Assomption, la Toussaint.
Un avis du Conseil d'État (13-23 mars 1810) y a joint le
premier jour de l'année, comme jour férié légal, pendant
lequel on ne peut faire de protêt (article 162, § 2, Code de
commerce) ;

2° Les autres jours de fête désignés par des lois spéciales
sont :

Le 14 juillet (loi du 6 juillet 1880), les lundis de Pâques
et de la Pentecôte (loi du 8 mars 1886).

Le jour de repos hebdomadaire est indépendant du chômage des fêtes légales. Pourtant ils peuvent se confondre.
Dans le cas où le jour de repos hebdomadaire est aussi
un jour de fête reconnu par la loi, rien ne s'oppose à son
renvoi ou à sa suppression. En effet, l'article 5 exige
seulement qu'il y ait un jour de repos par semaine et que
les jours de fête légale soient chômés [1].

Les prescriptions de l'article 5 ont des conséquences
assez bizarres : un patron peut, s'il a choisi pour jour de

---

[1] Lagrésille, *op. cit.*, p. 75.

repos un autre jour que le dimanche, faire travailler ses
ouvriers le dimanche de Pâques, mais il ne peut les garder
à l'atelier le lundi de Pâques, qui est un jour férié légal.

Dérogations à l'obligation du repos hebdomadaire et des jours de fête.

Les articles 6 et 7 de la loi de 1892 contiennent deux
exceptions au principe porté en l'article 5.

La première exception est permanente et est relative au
chômage des jours de fête.

La deuxième exception est temporaire et se réfère au
repos hebdomadaire. Il faut remarquer que, dans aucun
cas, pour aucune catégorie de travailleurs protégés, et
pour aucune industrie, la dérogation au principe du repos
hebdomadaire ne peut être permanente.

EXCEPTION PERMANENTE A LA RÈGLE DE LA CÉLÉBRATION DES JOURS DE FÊTE

Article 6. — *Néanmoins, dans les usines à feu continu, les femmes majeures et les enfants du sexe masculin peuvent être employés tous les jours de la semaine,
la nuit, aux travaux indispensables, sous la condition
qu'ils auront au moins un jour de repos par semaine.*

*Les travaux tolérés, et le laps de temps pendant lequel
ils peuvent être exécutés, seront déterminés par un règlement d'administration publique.*

La loi de 1874, dans son article 6, contenait déjà semblable disposition, qui ne s'appliquait qu'aux enfants âgés

de plus de douze ans. Des décrets réglementaires, en date
du 22 mai 1875 et du 5 mars 1877, n'accordaient le bénéfice de cet article 6 qu'à quatre industries, faisant usage de
feu continu :

1° Les papeteries ;

2° Les sucreries;

3° Les verreries;

4° Les usines métallurgiques.

La loi de 1892 a laissé également à des décrets le soin
de déterminer à quelles usines à feu continu peut être
accordé le droit d'user de la dérogation de l'article 6. Le
décret du 15 juillet 1893, modifié par celui du 24 février 1898,
les énumère dans son article 4.

Ce sont, en plus des quatre industries portées dans les
décrets de 1875 et de 1877, les industries suivantes :

1° Les distilleries de betteraves ;

2° Les fabriques d'objets en fer et fonte émaillés ;

3° Les usines pour l'extraction des huiles.

Des tableaux annexés aux décrets de 1893 et de 1898
— (ceux du 26 juillet 1895 et du 29 juillet 1897, ne contiennent aucune disposition relative aux manufactures
bénéficiaires de la dérogation de l'article 6) — énumèrent
les travaux tolérés, la nuit, dans ces usines.

L'article 6 contient deux dérogations, l'une relative au
travail de nuit, et que nous avons déjà étudiée ; l'autre
relative au repos des jours fériés.

Notons, que ce n'est pas au principe du repos hebdomadaire, que l'article 6 fait exception, mais seulement à l'obligation du chômage, les jours de fête légale. Cette interpré-

lation résulte du rapprochement des mots « peuvent être employés tous les jours de la semaine » de ceux-ci « sous la condition qu'ils auront au moins un jour de repos par semaine ».

L'article 6 ne s'applique qu'aux femmes majeures et aux enfants du sexe masculin. Il est évident que le jour de repos hebdomadaire doit être d'une durée complète de vingt-quatre heures, c'est-à-dire d'un jour et d'une nuit; par conséquent, les femmes et les garçons ne peuvent être employés dans les usines à feu continu, pendant sept nuits consécutives.

EXCEPTION TEMPORAIRE AU PRINCIPE DU REPOS HEBDOMADAIRE

Article 7. — *L'obligation du repos hebdomadaire, et les restrictions relatives à la durée du travail, peuvent être temporairement levées par l'inspecteur divisionnaire, pour les travailleurs visés à l'article 5, pour certaines industries à déterminer par le susdit règlement d'administration publique.*

La disposition de l'article 7 constitue une innovation de la loi de 1892, et ne s'occupe que du repos hebdomadaire, à l'exclusion du chômage des fêtes légales. En effet, d'après le texte même de l'article, il semble bien que l'extension de la dérogation temporaire aux jours fériés est inadmissible, et qu'il faut restreindre l'exception et non l'étendre. Cependant, on peut soutenir que, si la dérogation à l'obligation des fêtes légales n'est pas autorisée expressément, elle rentre dans la catégorie générale des dérogations « aux restrictions relatives à la durée du travail ». Les restrictions ainsi visées sont, selon nous, toutes celles dont nous nous sommes occupé dans les articles 3 et 5.

Les dérogations peuvent ainsi porter sur l'obligation du repos, les jours fériés, comme sur la durée du travail quotidien, et le chômage hebdomadaire. D'ailleurs, on ne s'expliquerait pas que le législateur eût fait une différence entre les deux catégories de jours de repos [1].

La circulaire ministérielle du 12 août 1893 déclare, « que l'autorisation ne devra être accordée qu'en cas de nécessité absolue ; que le chef d'industrie devra, en adressant sa demande à l'inspecteur, en faire connaître les motifs, et en fournir la justification ; que l'autorisation donnée par l'inspecteur divisionnaire, devra indiquer le délai pour lequel elle est accordée, » (un mois au plus ; au-dessus, décision du Ministre), la catégorie ou les catégories auxquelles elle s'applique, etc...

La dispense peut être accordée pour tous les travailleurs protégés, mais, toutes les industries ne peuvent l'obtenir. L'article 5 du décret du 15 juillet 1893, modifié par les décrets du 26 juillet 1895, du 29 juillet 1897 et du 24 février 1898 a énuméré les industries, qui ont droit à cette dispense. Nous les avons rapportées plus haut, page 104.

L'affichage de la dispense dans les ateliers, pendant les délais pour lesquels elle a été accordée, n'est pas requis par la loi ni par les décrets, mais par la circulaire du 12 août 1893. Il n'est donc pas obligatoire sous peine de contravention, sauf si l'inspecteur a accordé l'autorisation, sous la condition expresse de l'affichage.

---

[1] Lagrésille, *op. cit.*, p. 81.

§ 4. — Travaux souterrains.

Article 9. — *Les filles et les femmes ne peuvent être admises dans les travaux souterrains des mines, minières et carrières.*

L'article 7 de la loi du 19 mai 1874 interdisait déjà le travail souterrain aux femmes de tout âge.

La loi de 1892 n'a fait que reproduire cette disposition, en ce qui concerne les femmes ; l'interdiction, qu'elle leur fait, de prendre part aux travaux souterrains, est absolue et ne comporte aucune exception.

Cette prohibition s'explique par des considérations d'hygiène et de moralité, analogues à celles qui ont amené l'interdiction du travail de nuit. La descente des femmes dans les mines présente trop de dangers, au point de vue physiologique et moral, pour que l'on soit tenté de blâmer la rigueur de la loi à leur égard.

Leur place n'est pas là, et le travail au grand jour a pour elles déjà trop d'inconvénients, pour qu'on les soumette encore à l'obscur isolement et au labeur malsain et fatigant de la mine.

§ 5. — Hygiène, sécurité et moralité des Travailleurs.

Article 12. — *Les différents genres de travail présentant des causes de danger, ou excédant les forces, ou dangereux pour la moralité, qui seront interdits aux* *femmes, filles et enfants, seront déterminés par des règlements d'administration publique.*

Article 13. — *Les femmes, filles et enfants ne peuvent être employés dans des établissements insalubres ou dangereux, où l'ouvrier est exposé à des manipulations ou à des émanations préjudiciables à sa santé, que sous les conditions spéciales déterminées par des règlements d'administration publique, pour chacune de ces catégories de travailleurs.*

Ces deux articles spéciaux aux femmes et aux enfants sont la reproduction des articles 12 et 13 de la loi de 1874, qui ne s'appliquaient qu'aux enfants.

Les prescriptions des articles 12 et 13 de la loi de 1892 sont aujourd'hui complétées par celles de la loi du 12 juin 1893, *sur l'hygiène et la sécurité des travailleurs dans les établissements industriels*[1].

Le décret réglementaire, qui détermine les travaux et les industries que les articles 12 et 13 ont voulu viser, est le décret du 13 mai 1893. Il contient dix-sept articles et trois tableaux annexes, entre lesquels sont réparties les industries.

Le tableau A énumère les travaux *interdits* aux enfants au-dessous de dix-huit ans, aux filles mineures et aux femmes : (fabrication des acides arsénique, nitrique, picrique, salicylique, urique, etc... du chlore, des cyanures,

---

[1] D'autre part, la loi, non encore appliquée, du 9 avril 1898, sur les accidents du travail, renferme toute une série de mesures de protection et d'assistance, à l'égard des ouvriers blessés, ou, en cas de mort, en faveur de leur famille.

du minium, du phosphore, du plomb, du sulfate de mercure, de l'étamage des glaces par le mercure, etc., etc.).

Le tableau B énumère les travaux *interdits* au-dessous
de dix-huit ans (fabriques d'amorces, de cartouches, de
celluloïd, de dynamite, etc.).

Le tableau C donne la liste des établissements dans lesquels l'emploi des enfants au-dessous de dix-huit ans, des
filles mineures et des femmes est *autorisé*, sous certaines
conditions (fabriques d'acides chlorhydrique, sulfurique,
d'allumettes chimiques, de benzine, de caoutchouc, de
chaux, de ciments, de collodion, de cuivre, d'émaux, de
faïence, de nitrates métalliques, de noir minéral, de pétrole,
de soude, de soufre, de sulfates, de térébenthine, de ver-
nis, etc., etc...).

L'article 13 de la loi de 1892 comprend tous les établissements industriels, dans lesquels l'ouvrier est exposé à
des manipulations dangereuses ou à des émanations nuisibles, sans distinction entre les établissements classés
administrativement parmi les établissements dangereux,
incommodes ou insalubres, et les établissements non classés.
Aussi le décret de 1893 n'a-t-il eu à s'occuper, dans la confection des tableaux A, B, C, que de la question de savoir
quelles sont, en fait, les industries particulièrement dangereuses pour la santé de la femme et de l'enfant.

Les douze premiers articles du décret du 13 mai 1893
contiennent la liste des travaux interdits ou tolérés aux
femmes et aux enfants. Interdiction d'employer ces personnes au graissage de machines en marche ou dans des
ateliers dont les engins ne sont pas entourés d'organes
protecteurs, limitation du poids de la charge qu'un enfant
ou une ouvrière peut porter suivant son âge, etc.

L'article 13 interdit l'emploi des personnes protégées à la confection d'écrits, d'imprimés, affiches, dessins, gravures, peintures, emblèmes, images ou autres objets dont la vente, l'offre, l'exposition, l'affichage ou la distribution sont réprimés par les lois pénales, comme contraires aux bonnes mœurs.

La loi sur la presse, du 29 juillet 1881, punit en effet ces délits de un mois à deux ans de prison et de 16 à 2,000 francs d'amende (art. 28).

L'article 13 du décret de 1893, entrant encore davantage dans la voie de moralisation des enfants et des femmes, ajoute : « Il est également interdit d'occuper des enfants au-dessous de seize ans et des filles mineures dans les ateliers où se confectionnent des écrits, imprimés, affiches, gravures, peintures, emblèmes, images et autres objets qui, sans tomber sous l'application des lois pénales, sont cependant de nature à blesser leur moralité. »

Le patron a aussi une obligation à remplir vis-à-vis de tout son personnel : c'est une obligation de veiller au maintien des bonnes mœurs, portée en l'article 16 de la loi de 1892.

Article 16. — *Les patrons ou chefs d'établissements doivent, en outre, veiller au maintien des bonnes mœurs et à l'observation de la décence publique.*

Cet article a surtout pour but d'imposer la surveillance effective et constante des ateliers où les deux sexes sont mélangés, et d'y réglementer les conditions du travail, de façon à éviter tous actes ou tous propos immoraux, résultant de la promiscuité des sexes.

Les tribunaux apprécieront dans quelle mesure un chef d'établissement peut être tenu pour responsable, si des faits contraires aux bonnes mœurs ou à la décence publique se produisent dans son établissement.

En effet, l'obligation, imposée au patron par l'article 16, est soumise à une double sanction ; le défaut de surveillance peut être considéré comme une contravention à la loi de 1892 ; en second lieu, s'il a eu pour effet d'exciter, de favoriser, ou simplement de faciliter la débauche d'ouvriers mineurs, il peut constituer un des éléments du délit d'excitation des mineurs à la débauche, prévu et puni par les articles 334 et 335 du Code pénal. Le Sénat, lors de la discussion de l'article 16, a formellement déclaré vouloir lui donner ces deux sanctions [1].

§ 6. — Mesures destinées à assurer l'exécution de la loi.

A. — AFFICHAGE

Article 11. — *Les patrons ou chefs d'industrie et loueurs de force motrice sont tenus de faire afficher, dans chaque atelier, les dispositions de la présente loi, les règlements d'administration publique relatifs à son exécution et concernant plus spécialement leur industrie, ainsi que les adresses et les noms des inspecteurs de la circonscription. Ils afficheront également les heures auxquelles commencera et finira le travail, ainsi que les heures et la durée des repos. Un duplicata de cette affiche sera envoyé à l'inspecteur, un autre sera déposé à la mairie.....*

[1] Lagrésille, *op. cit.*, p. 118.

Cet article reproduit, en les complétant, les dispositions de l'article 11 de la loi de 1874 et assimile, au point de vue des obligations qu'il édicte, *les loueurs de force motrice* aux chefs d'industrie. La loi a voulu viser certaines usines, très nombreuses à Paris, dans l'intérieur desquelles se meuvent des industries multiples. « Sans doute, les propriétaires de force motrice ne peuvent être responsables des contraventions qui se produiraient dans l'intérieur de ces établissements. Mais il a semblé qu'on pouvait leur imposer l'affichage dans l'intérieur de leurs usines, et obtenir ainsi un résultat qu'il serait bien difficile de demander à leurs locataires, pour la plupart beaucoup trop nomades . [1]»

Remarquons que la loi veut une affiche dans « chaque atelier ». Donc une seule affiche ne suffirait pas, si l'établissement contient plusieurs ateliers de travail. Une affiche est nécessaire dans chaque salle de l'usine.

Dans les industries où le travail est aux pièces, il ne peut y avoir d'heures déterminées pour le repos et pour le travail. Le patron n'est pas tenu, dans ce cas, d'afficher les heures de travail et de repos. Pourtant, lors de la discussion de la loi au Sénat, le rapporteur, dans la séance du 16 juillet 1891 (*Journal officiel* du 17), a formellement déclaré que le chef d'industrie aurait à afficher l'heure d'ouverture et celle de fermeture des ateliers, « en déclarant pourquoi et comment, il ne peut pas fixer l'heure du travail ».

[1] Rapport de M. Waddington à la Chambre des Députés Annexe au procès-verbal de la séance du 17 juin 1890.

B. — INSPECTION ET COMMISSIONS

Les articles 17 à 22 de la loi de 1892 confient à des *inspecteurs* la mission de veiller à l'observation des règles concernant la protection du travail, telles qu'elles ont été fixées par les lois du 9 septembre 1848, 7 décembre 1874 (enfants dans les professions ambulantes) et 2 novembre 1892. Les inspecteurs ont, en outre, aujourd'hui, à assurer l'exécution de la loi du 12 juin 1893, relative à l'hygiène et à la sécurité des travailleurs.

La loi du 22 mars 1841 n'avait fait que concéder au Gouvernement la faculté de nommer des inspecteurs du travail, contrôlés par des commissions locales, dont les fonctions étaient gratuites.

La loi du 19 mai 1874 créa des inspecteurs divisionnaires, au nombre de vingt et un, dépendant directement de l'État. Elle confia aux Conseils généraux le soin d'établir des inspecteurs départementaux.

C'était là une organisation bien imparfaite ; les inspecteurs départementaux, en nombre d'ailleurs insuffisant, échappaient trop aisément au contrôle des inspecteurs divisionnaires.

Pour remédier à cet inconvénient, la loi actuelle a fait dépendre de l'État tous les inspecteurs. « Pour bien remplir un mandat, disait M. Waddington, rapporteur du projet à la Chambre[1], il n'est rien de mieux qu'une responsabilité, d'autant plus définie qu'elle est personnelle.

---

[1] Rapport de M. Waddington à la Chambre des Députés. Annexe au procès-verbal de la séance du 17 juin 1890.

Toutes les nations, qui ont pris des mesures législatives pour la protection des enfants et des femmes, ont chargé de l'exécution de ces mesures, des surveillants spéciaux...

« Le système, qui consiste à attribuer aux agents de la police judiciaire, c'est-à-dire aux parquets et aux commissaires de police, la surveillance de l'application d'une loi semblable, a déjà fonctionné en France. La loi de 1848... était confiée aux fonctionnaires de cet ordre ; et, vous le savez, pendant des année, cette loi est restée lettre morte. On cite *un* procès-verbal dressé par le parquet de Rouen ! C'est, je crois, le seul qui ait jamais été fait pendant une période de plus de trente ans...

« Un corps spécial a été créé en 1874 ; d'année en année, son fonctionnement devient plus efficace, la loi fait chaque jour des progrès ; elle est mieux connue, mieux comprise, et plus pratiquée sur tous les points du territoire... Mais il faut le reconnaître, après l'expérience de seize années, écoulées depuis 1874, il serait futile de s'en rapporter à l'initiative des Conseils généraux (pour la création d'inspecteurs départementaux), l'organisation ne sera effective qu'à la condition d'être obligatoire... Nous n'apporterons aux défectuosités et lacunes signalées un remède efficace qu'en doublant l'action des inspecteurs divisionnaires par celle d'agents départementaux agissant sous leurs ordres, et affectés plus spécialement au service local. »

Le décret du 15 décembre 1892 a créé onze inspecteurs divisionnaires, ayant sous leurs ordres quatre-vingt-douze inspecteurs ou inspectrices départementaux.

Une délibération de la Commission supérieure du travail, du 26 novembre 1892, approuvé par le Ministre du Commerce et de l'Industrie, le 7 décembre 1892, a fixé les

conditions du concours d'admission, à l'emploi d'inspecteur du travail dans l'industrie [1].

Les femmes peuvent être inspectrices départementales,
mais jamais elles ne seront inspectrices divisionnaires.

Les inspecteurs du travail, munis d'une carte d'identité,
peuvent entrer dans tous les établissements visés par la loi,
sauf dans les mines, minières et carrières, où le service de
surveillance est dévolu aux ingénieurs et contrôleurs des
mines.

Les inspecteurs n'ont pas un pouvoir exclusif de contrôle et de surveillance. Les officiers de police judiciaire
conservent, bien entendu, le droit de rechercher et de
constater les infractions à la loi de 1892.

L'inspecteur peut visiter, à toute heure du jour et de
la nuit, les établissements dans lesquels on travaille la
nuit. Les dispositions du Code d'instruction criminelle,
relatives aux perquisitions domiciliaires, qui ne peuvent
être opérées que pendant le jour, ne s'appliquent pas ici.
D'ailleurs, la perquisition domiciliaire est une mesure
d'instruction judiciaire, motivée par la nécessité de constater une infraction connue, tandis que la visite de l'inspecteur dans les établissements industriels est une mesure
de surveillance administrative, qui a pour objet de constater, d'une manière générale et permanente les conditions
d'exécution de la loi. Dans le silence des textes, il faut
bien reconnaître que, si les visites de nuit étaient inter-

[1] Le 27 janvier 1894, M. Jules Guesde, au nom du groupe socialiste, a
déposé, sur le bureau de la Chambre, une proposition de loi, tendant à
faire élire les inspecteurs du travail par les ouvriers et ouvrières des
usines, manufactures et chantiers visés par la loi. Chambre des Députés.
Session ordinaire 1894 *Journal officiel, Documents parlementaires*, n° 319.

dites, le droit de surveillance de l'inspecteur serait bien illusoire vis-à-vis des industries qui, en employant des femmes aux travaux de nuit, peuvent commettre des infractions à la loi. Quant aux usines qui ne fonctionnent pas la nuit, nous ne pensons pas que l'inspecteur puisse en requérir l'entrée pour s'assurer qu'on n'y travaille pas, car après leur fermeture, on doit les considérer comme des lieux privés. Nous nous rallions à la jurisprudence suivie par la Cour de cassation en ce qui concerne la police des cabarets. En effet, quoique le décret des 19-22 juillet 1791 déclare que les officiers de police judiciaire *puissent toujours pénétrer* dans ces établissements, la Cour de cassation décide que ce droit n'existe qu'autant que ces établissements sont, de fait, ouverts ; après l'heure de la fermeture, ils deviennent dés lieux privés, et le droit de visite cesse d'exister (Cassation, 17 novembre 1860. Dalloz, 1860, 5, 417). (*Idem*, 2 mars 1866. Dalloz, 1869, 5, 407).

L'inspecteur possède encore d'autres droits relatifs aux enfants et aux règlements d'atelier. En cas de contravention constatée, l'inspecteur dresse procès-verbal, qui fait foi jusqu'à preuve contraire. Le Tribunal peut, pourtant, en tout état de cause acquitter le prévenu, s'il juge que ce dernier bénéficie d'un motif d'excuse ou d'un cas de force majeure.

Tout procès verbal est dressé en double exemplaire : l'un est envoyé au préfet, l'autre au parquet, celui-ci par l'intermédiaire de l'inspecteur divisionnaire (circulaire du 19 décembre 1892). La loi n'a pas fixé de délai pour l'envoi de ce procès-verbal, mais la circulaire a prescrit un délai de trois jours pour la transmission à l'inspecteur divisionnaire, qui, s'il le juge à propos, en saisit le parquet dans les quinze jours.

La loi de 1892 a reconnu aux officiers de police judiciaire, le droit de *constater* les contraventions à ses prescriptions, et d'en dresser procès-verbal.

Mais l'article 20 *in fine*, ayant déclaré « *que les dispositions ci-dessus ne dérogent point aux règles du droit commun, quant à la constatation et à la poursuite des infractions à la présente loi* », il faut en conclure que les officiers de police judiciaire ne peuvent pénétrer dans les usines, que si l'infraction à constater leur a été précédemment dénoncée, s'il s'agit de flagrant délit, ou de mandat décerné par le juge d'instruction [1].

Les inspecteurs doivent, chaque année, envoyer au Ministre du Commerce un double rapport : l'un, sur les résultats de leur inspection, et les faits survenus dans leur circonscription ; l'autre, sur la statistique industrielle de cette circonscription. Ce dernier rapport porte notamment sur le nombre des établissements industriels de la région, sur le personnel ouvrier, sur les salaires de chaque branche de fabrication, sur la durée des heures de travail, etc.

L'inspecteur recueille ces renseignements statistiques, dans les établissements de sa région ; les chefs d'industrie doivent lui faciliter sa tâche, en lui donnant des indications, sous peine d'une amende de 100 à 500 francs, et de 500 à 1,000 francs en cas de récidive (article 29).

Les deux rapports des inspecteurs départementaux sont adressés par les inspecteurs divisionnaires au Ministre du

[1] Lagrésille, *op. cit.*, p. 141.

Commerce, qui publie annuellement un rapport général sur l'application de la loi.

Sous l'empire de la loi de 1874, les inspecteurs étaient assistés, dans leur travail, par des Commissions locales, instituées en nombre variable par le Conseil général. Chaque Commission comprenait de cinq à sept membres, nommés par le Préfet sur une liste arrêtée par le Conseil général. Ces commissaires non rétribués devaient contrôler le service de l'inspecteur ; ils avaient le droit de visite dans les usines. Ce système avait un grave défaut : il soumettait l'inspecteur à la surveillance d'une commission, ne comprenant généralement que de grands industriels, assujettis à l'inspection, qui paralysaient ainsi l'action de la loi, ou qui, sous le prétexte de visiter l'établissement, arrivaient à surprendre les secrets de fabrication de leurs concurrents. (Cf. Rapport de M. Waddington, 17 juin 1890.)

Éclairé par l'expérience, le législateur de 1892 a supprimé cette institution et la remplaça par des Commissions départementales (article 24). Chaque Conseil général doit créer une ou plusieurs commissions dont il nomme les membres. En font partie de droit : les inspecteurs divisionnaires et départementaux, le président et le vice-président du Conseil de prud'hommes du chef-lieu ou du principal centre industriel du département, et s'il y a lieu l'ingénieur des Mines.

Ces Commissions n'ont plus qu'un rôle consultatif; les inspecteurs ont, seuls, les attributions exécutives. Elles doivent se contenter d'émettre, sous forme de rapports, des observations sur l'application de la loi et les modifications à y apporter.

L'article 25 crée dans chaque département des Comités

de patronage, chargés de protéger les apprentis et les enfants employés dans l'industrie, et de développer leur instruction professionnelle. Le Conseil général détermine le nombre et la circonscription de ces Comités, administrés gratuitement par sept membres, dont quatre nommés par le Conseil général, et trois par le Préfet, pour une durée de trois ans, avec possibilité d'être renommés.

Le législateur de 1892 a maintenu et fortifié la Commission supérieure du travail, instituée auprès du Ministre du Commerce, par la loi de 1874. Elle est composée de neuf membres, dont cinq seulement nommés par le Président de la République, pour une période de quatre ans. Les quatre autres membres comprennent deux sénateurs et deux députés, élus par leurs collègues, pour une période illimitée (article 22).

Cette Commission, dont les fonctions sont gratuites, doit :

1° Veiller à l'application uniforme et vigilante de la loi, éviter les erreurs, les divergences d'interprétation, les diversités de traitement dans les tolérances, etc.;

2° Donner son avis sur les règlements à intervenir, pour l'exécution de la loi de 1892; avis obligatoire, ainsi que celui du Comité consultatif des arts et manufactures, d'après l'article 30 ;

3° Arrêter les conditions d'admissibilité des candidats à l'inspection divisionnaire et départementale, et le programme du concours qu'ils devront subir.

Le président de la Commission supérieure doit, chaque année, adresser au Président de la République, un rapport général sur les résultats de l'inspection, et sur les faits relatifs à l'exécution de la loi. Ce rapport est publié à l'*Officiel*, dans le mois de son dépôt (article 23).

§ 7. — Sanctions et Pénalités.

Article 26. — *Les manufacturiers, directeurs ou gérants d'établissements, visés dans la présente loi, qui auront contrevenu aux prescriptions de ladite loi et des règlements d'administration publique relatifs à son exécution, seront poursuivis devant le tribunal de simple police et passibles d'une amende de 5 à 15 francs. L'amende sera appliquée, autant de fois qu'il y aura de personnes employées dans des conditions contraires à la présente loi.*

Toutefois, la peine ne sera pas applicable, si l'infraction à la loi a été le résultat d'une erreur provenant de la production d'actes de naissance, livrets ou certificats contenant de fausses énonciations ou délivrés pour une autre personne.

Les chefs d'industrie seront civilement responsables des condamnations prononcées contre leurs directeurs ou gérants.

Article 27. — *En cas de récidive, le contrevenant sera poursuivi devant le tribunal correctionnel, et puni d'une amende de 16 à 100 francs.*

Il y a récidive, lorsque, dans les douze mois antérieurs au fait poursuivi, le contrevenant a déjà subi une condamnation pour une contravention identique. En cas de pluralité de contraventions entraînant ces peines de la récidive, l'amende sera appliquée autant de fois qu'il aura été relevé de nouvelles contraventions. Les tribunaux correctionnels pourront appliquer les dispositions de l'article 463 du Code pénal, sur les circonstances atténuantes,

sans qu'en aucun cas l'amende, pour chaque contravention, puisse être inférieure à 5 francs.

Article 28. — L'affichage du jugement peut, suivant les
circonstances et en cas de récidive seulement, être ordonné
par le tribunal correctionnel. Le tribunal peut également
ordonner, dans le même cas, l'insertion du jugement, aux
frais du contrevenant, dans un ou plusieurs journaux du
département.

Examinons rapidement les règles énoncées dans ces
articles :

Toute contravention à la loi est poursuivie devant le
tribunal de simple police et punie d'une amende de 5 à
15 francs, multipliée par le nombre de personnes employées au mépris de la loi. La Cour de Cassation avait
décidé, sous l'empire de la loi de 1874, que, pour fixer le
chiffre des amendes, il y avait lieu de s'attacher non seulement au nombre de personnes, mais aussi à celui des contraventions commises, même relatives à une seule
personne [1]. Cette jurisprudence doit, à notre avis, s'appliquer à la loi nouvelle, qui n'a fait que reproduire les
dispositions pénales de la loi de 1874, tout en modifiant la
juridiction compétente.

Les infractions à la loi de 1892 ayant le caractère de
contravention de police, il en résulte que la poursuite se
prescrit par un an, et les peines prononcées par deux ans
(articles 639 et 640, Code d'inst. crim.), et que l'auteur des
infractions ne peut invoquer l'excuse tirée de sa bonne foi,
sauf s'il y a eu erreur causée par la production d'actes de

[1] Cassation, 9 juin 1883. — Lagrésille, *op. cit.*, p. 163.

naissance, livrets, etc., contenant de fausses énonciations
ou appartenant à une autre personne.

La responsabilité des infractions à la loi de 1892 s'applique aux directeurs ou gérants de tous les établissements
publics et privés.

Le propriétaire n'est pas responsable pénalement, lorsqu'il ne gère pas lui-même l'établissement, mais il reste
soumis à la responsabilité civile des condamnations prononcées contre son directeur.

Cette disposition de l'article 26 déroge au droit commun,
en ce qui concerne l'étendue de la responsabilité qu'elle
édicte. Ordinairement, la responsabilité civile ne porte que
sur les dommages-intérêts, auxquels donne lieu la réparation du préjudice causé, et sur les frais occasionnés par le
procès, mais non sur l'amende, qui est une peine personnelle : d'après l'article 26, la responsabilité civile des chefs
d'industrie est étendue à toutes les condamnations, ce qui
comprend évidemment l'amende.

L'article 463 du Code pénal, relatif aux circonstances
atténuantes, ne peut s'appliquer aux condamnations prononcées en vertu de l'article 26, ce dernier texte étant
muet sur la question de diminution des peines (Tribunal
correctionnel de Saint-Étienne, 28 avril 1894 ; Cassation,
12 juillet 1894, Dalloz, 1895, 1. 79).

Un chef d'industrie est considéré comme récidiviste
quand, dans les douze mois antérieurs au nouveau fait
poursuivi, une condamnation a été prononcée contre lui,
pour un fait identique à celui qui motive la nouvelle poursuite. Il résulte de la discussion au Sénat, que l'on doit
considérer comme contraventions identiques celles qui sont
prévues par le même article de loi. Par exemple : il y a

identité de contraventions, dans le cas d'un chef d'établissement qui, condamné une première fois pour avoir fait travailler des ouvriers avant l'heure réglementaire, est poursuivi pour avoir, dans les douze mois suivants, fait travailler ses ouvriers après l'heure réglementaire. Mais il n'y a pas identité de contraventions dans le cas d'un chef d'industrie qui, ayant été condamné pour avoir fait travailler des enfants la nuit, est de nouveau poursuivi pour avoir fait travailler des enfants plus de dix heures par jour.

En cas de récidive, le contrevenant est traduit devant le tribunal correctionnel, qui peut prononcer contre lui une amende, variant de 16 à 100 francs. L'infraction commise par le récidiviste, quoique soumise au tribunal correctionnel, n'en est pas moins considérée, par l'article 27, comme une simple contravention : par conséquent, est écartée l'excuse tirée de la bonne foi, qui ne peut être invoquée qu'à propos d'erreurs provenant de la production d'actes de naissance, livrets ou certificats, contenant de fausses énonciations.

Les circonstances atténuantes de l'article 463 du Code pénal sont admises en faveur de l'industriel récidiviste.

Le tribunal correctionnel est maître d'infliger ou non, suivant les circonstances, l'affichage et l'insertion du jugement, aux frais du contrevenant, condamné pour la seconde fois dans le délai d'une année.

Enfin, d'après l'article 29, est puni d'une amende de 100 à 500 francs quiconque aura mis obstacle à l'accomplissement des devoirs d'un inspecteur. La récidive entraîne une amende de 500 à 1,000 francs. Les circonstances atténuantes s'appliquent aux condamnations prononcées en vertu de cet article.

Tout fait d'obstruction quelconque est puni, quel que soit son auteur.

L'opposition au droit de l'inspecteur d'entrer dans les ateliers, d'interroger les personnes protégées, de constater les infractions, le refus de lui fournir des renseignements statistiques, l'énonciation de fausses déclarations, constituent autant d'obstacles apportés à l'exercice de ses fonctions. D'après les travaux préparatoires du Sénat (*Officiel* du 30 mars 1892, p. 320), les faits prévus et punis par l'article 29 ne sont plus de simples contraventions, mais de véritables délits ; par suite, ils bénéficient de l'excuse de la bonne foi, et de la prescription de trois ans pour l'action, et de cinq ans pour la peine.

Si l'acte d'obstruction est accompagné de menaces ou d'outrages envers l'inspecteur, il y a lieu d'appliquer l'article 224 du Code pénal, qui punit d'un emprisonnement de six jours à un mois, et d'une amende de 16 à 200 francs, le délit d'outrage envers un citoyen, chargé d'un ministère de service public. Si l'inspecteur est victime de violences ou de voies de fait, l'article 230 du Code pénal punit le coupable d'un emprisonnement d'un mois à trois ans, et d'une amende de 16 à 500 francs.

A notre avis, les peines portées dans la loi de 1892 ne sont pas bien lourdes. La loi du 19 mai 1874 contenait des peines plus élevées, variant de 16 à 50 francs, prononcées par le tribunal correctionnel.

Actuellement, 5 à 15 francs d'amende ne sont guère suffisants pour réprimer les abus qui peuvent se produire dans les grandes manufactures. Il est vrai que le récidiviste est

traduit en police correctionnelle, et frappé d'une amende
de 16 à 100 francs; mais, en fait, la constatation de la
récidive est rare, le service de l'inspection n'arrivant pas,
malgré tout son zèle, à faire annuellement plusieurs visites
dans la même usine; aussi l'industriel s'inquiète-t-il
assez peu d'observer la loi, quand il le juge utile à ses intérêts.

CHAPITRE VI

APPLICATION DE LA LOI DU 2 NOVEMBRE 1892

La loi du 2 novembre 1892, relative au travail des enfants, des filles mineures et des femmes dans les établissements industriels, est en vigueur depuis le 1er janvier 1893.

Un grand nombre de grèves éclatèrent, le lendemain même de sa mise à exécution, dans les principaux centres industriels. Il est certain que des réformes pareilles à celles que la loi apportait dans l'organisation de la grande industrie ne se réalisent pas sans un certain trouble.

Ces grèves naquirent des difficultés transitoires, inhérentes à tout changement de législation, et ne furent nullement une preuve de l'impuissance ou de l'inutilité de la loi, comme l'insinua l'école libérale.

Les chefs d'industrie pensèrent d'abord que la diminution des heures de travail des femmes et des enfants devait amoindrir la productivité de leurs établissements. Aussi proposèrent-ils à leur personnel protégé une réduction de salaire.

Dans les filatures et les tissages, où l'on emploie concurremment des hommes, des femmes et des enfants, on se trouva en présence de cinq journées de travail dont la durée n'est pas la même : 1° neuf heures par jour (travail par deux équipes) ; 2° dix heures par jour (enfants de treize à seize ans) ; 3° soixante heures par semaine (enfants de seize à dix-huit ans) ; 4° onze heures par jour (filles et femmes majeures) ; 5° douze heures par jour (hommes adultes. — décret-loi du 9 septembre 1848).

On comprend combien, dans de pareilles conditions, les industriels furent embarrassés pour organiser leur fabrication et faire coïncider les différentes journées de travail. Certains renvoyèrent les enfants ou les femmes et les remplacèrent par des manœuvres. Mais, pour ne pas accroître leurs frais généraux, ils compensèrent l'augmentation de salaire accordé à ces manœuvres par une diminution générale sur les salaires des hommes adultes.

D'autres industriels fixèrent uniformément la durée de la journée à onze heures pour tout leur personnel, sauf pour les enfants, qui furent renvoyés, mais diminuèrent les salaires de leurs ouvriers [1].

En somme, les effets de la loi sur la production étaient inconnus, et, pour se mettre en règle avec ses prescriptions, les chefs d'établissements croyaient nécessaire de réduire la rémunération des personnes protégées et, par suite, celle des ouvriers adultes [2].

Cette pénible situation offerte au monde des travailleurs fut la cause des 45 grèves signalées en 1893, et faillit, un moment, compromettre le succès d'une loi destinée, dans

---

[1] Rapport des inspecteurs divisionnaires du travail, adressé en 1894 au Ministre du Commerce. *Bulletin de l'Office du travail*, mars 1894, p. 119.

[2] *Bulletin de l'Office du travail*, janvier 1894, p. 10.

l'esprit de ses auteurs, à améliorer la condition sociale de l'ouvrière, et dont le premier effet était de restreindre ses moyens d'existence et ceux de son compagnon.

Depuis lors, l'expérience a montré que la limitation des heures de la journée ne diminuait pas la productivité du travail; les salaires se sont relevés, et la protection accordée à la femme a étendu ses bienfaits à l'homme adulte, en réduisant aussi sa journée à onze heures, dans les usines qui emploient des ouvriers des deux sexes. Les grèves qui se sont déclarées postérieurement à 1893 n'ont plus eu pour motif l'application de la loi de 1892.

D'après les rapports adressés annuellement au Président de la République, la loi semble de plus en plus pénétrer dans les mœurs industrielles, en dépit de ses lacunes et de ses imperfections.

Pourtant, nous ne croyons pas que l'on puisse juger du respect de la loi d'après le petit nombre de contraventions constatées par les inspecteurs. Malgré leur zèle et leur fermeté, ils ne sont pas assez nombreux pour surveiller avec efficacité toutes les usines de leur circonscription. Aussi convient-il de n'accepter les renseignements contenus dans leurs rapports qu'à titre d'indications statistiques très générales. Leurs exposés sont surtout intéressants au point de vue de la critique de la loi et des desiderata émis sur les réformes à apporter à ses dispositions.

Nous venons de dire que l'inspection fait à peine une visite par an dans chaque établissement industriel. Voici quelques chiffres qui montrent l'ardeur progressive des inspecteurs à accomplir leur mission :

En 1893, peu de statistique, l'inspection n'ayant été définitivement organisée que le 18 septembre[1]. 61,047 usines seulement furent visitées.

En 1894, sur 256,744 établissements, on en a visité 106,735[2].

En 1895, sur 286,763, on en a vu 109,486[3].

En 1896, sur 296,797, on en a visité 117,539[4].

En 1897, sur 290,305, on en a vu 125,775[5].

D'après ces chiffres, l'inspection ne s'exercerait que dans 30 à 40 % des établissements soumis à sa surveillance. Pour assurer l'application rigoureuse de la loi, il faudrait au moins doubler le nombre des fonctionnaires chargés de veiller à son exécution. Tant que l'on ne prendra pas cette détermination, la loi de 1892 restera lettre morte pour près des deux tiers des manufactures.

Pour étudier les résultats pratiques de la protection légale de la femme, nous allons nous servir des renseignements contenus dans les rapports des inspecteurs divisionnaires et dans ceux de la Commission supérieure du travail.

§ 1er. — Durée du travail.

Chaque année, les rapports sont unanimes à réclamer l'unification des heures de travail pour les femmes et les enfants, tant la stricte application des prescriptions de l'article 3 présente de difficultés.

[1] *Bulletin de l'Office du travail*, septembre 1894, pp. 457-463.
[2] *Ibid.*, août 1895, p. 466.
[3] *Ibid.*, décembre 1896, p. 746.
[4] *Ibid.*, mars 1898, p. 189.
[5] *Ibid.*, février 1899, p. 143.

« Dans un certain nombre d'industries, le travail, soit de l'enfant, soit de la femme, est un auxiliaire nécessaire du travail de l'homme; il est dès lors impossible de diminuer l'un sans imposer la même réduction à l'autre. Pour se soumettre à la loi, les chefs de ces industries doivent donc choisir entre trois alternatives : ou réduire à dix heures la durée de la journée pour tout le personnel, ou éliminer de leurs usines le personnel protégé, et ne conserver que des ouvriers adultes, ou enfin organiser des relais à l'aide d'équipes tournantes, passant successivement sur un nombre déterminé de métiers et permettant de conserver à l'usine la même durée de marche, sans que, cependant, les enfants et les femmes aient une durée de travail défendue par la loi. » Rapport de la Commission supérieure de 1894[1].

Le premier système est inapplicable, disent les chefs d'industries, car il augmente les frais généraux et diminue le taux des salaires ; le second est inique et n'est pas toujours d'une réalisation bien facile ; le troisième est celui qui s'impose de plus en plus, pour maintenir la productivité des usines, mais, ajoute le rapport « il a le défaut de rendre presque impossible le contrôle de l'inspection; l'inspecteur ne connaît pas personnellement tous les enfants et toutes les femmes employés dans l'usine; il ne sait pas à quelle heure, à quel moment, chacun d'eux doit être au travail ou se reposer.... Si l'ouvrière habite à plusieurs kilomètres de l'usine, elle ne peut disposer que d'un temps insuffisant pour dormir, ce qui est contraire aux intentions du législateur. Enfin, les préceptes de l'hygiène

---

[1] *Bulletin de l'Office du travail,* mars 1894, p. 119.

sont méconnus : l'ouvrière doit prendre ses repas à toute heure du jour et ne peut presque jamais se trouver avec les membres de sa famille, qui rarement travaillent dans les mêmes ateliers. Le travail à double équipe présente, pour la moralité de la femme, des inconvénients analogues à ceux du travail de nuit, en l'obligeant à quitter son domicile, avant quatre heures du matin, et à ne le réintégrer qu'après dix heures du soir, malgré tous les périls de la rue[1] ».

M. Tolain, dans la séance du Sénat du 9 juillet 1891, prévoyait déjà tous les abus qui allaient naître du travail à deux équipes, et présentait, en termes éloquents, la situation de l'ouvrier astreint au travail des relais.

« Celui, homme ou femme, disait-il, qui doit commencer le travail à quatre heures du matin, est obligé, en réalité, de commencer sa journée à trois heures, car il ne demeure pas toujours à deux pas de l'usine; il faut donc qu'il se lève, qu'il prenne quelque aliment chaud et qu'il se mette en route à l'heure voulue, pour être rendu à l'usine à quatre heures ; par conséquent, c'est en moyenne vers trois heures du matin, qu'il est contraint de se lever, c'est donc, à proprement parler, un véritable travail de nuit.

« Sans doute, ce même ouvrier sort de l'usine à une heure après midi, mais la seconde équipe qui, elle, n'en sortira qu'à dix heures du soir, va se trouver dans une situation analogue à celle des équipes du travail de nuit, car ce ne sera pas avant onze heures, onze heures et demie

---

[1] *Bulletin de l'Office du travail*, 1894, pp. 458-460.

peut-être, que le travailleur, la femme, peuvent être rendus à leur domicile.

« Donc, au point de vue de la démoralisation que, dans certains milieux industriels, le travail de nuit a pu amener, au point de vue de l'impossibilité pour la femme de vaquer aux soins de son ménage, tous les inconvénients du travail de nuit se retrouvent dans le travail des deux équipes. »

Pourtant, malgré tous ses inconvénients, l'emploi des relais se généralise; en 1895, on le rencontre dans trente-trois usines; en 1897, dans cinquante-cinq établissements; l'adoption de la journée de onze heures pour les femmes et les hommes serait universelle si, grâce aux équipes tournantes ou de remplacement, les industriels ne trouvaient dans la loi même des facilités pour se dérober à ses prescriptions.

Le système des relais s'emploie surtout à Saint-Chamond et dans les Vosges. Certains industriels font chevaucher les heures de repos : une partie des ouvriers surveille les métiers, pendant que l'autre se repose. Ailleurs, deux équipes se succèdent, de cinq heures du matin à neuf heures du soir, faisant chacune huit heures de travail sans repos. Un avis du Comité consultatif des Arts et des Manufactures, voit, avec raison, une illégalité dans cette pratique. En effet, la loi exige que le travail soit coupé par des repos; on ne peut donc admettre qu'une réduction dans la durée de la journée légale entraîne pour le patron la possibilité de réduire ou de supprimer le repos[1]. Il y a encore d'autres abus pénibles. Une équipe travaille quatre

---

[1] *Bulletin de l'Office du travail*, février 1899, p. 143.

heures de suite, de quatre heures à huit heures du matin, et reprend le travail de cinq heures à dix heures du soir : elle est trop longtemps debout. L'autre équipe, qui fonctionne de huit heures du matin à cinq heures du soir, sans interruption, viole la loi en ce qui concerne l'obligation du repos.

Nous pourrions citer d'autres exemples d'organisation de travail, où le danger des équipes est tout aussi grand, mais nous n'arriverions pas à passer en revue tous les systèmes créés par l'ingéniosité des industriels, pour tourner les prescriptions de la loi et paralyser l'action de la surveillance des inspecteurs. Il est vivement à désirer que le Parlement revise le § 2 de l'article 4, et mette un terme aux abus de l'emploi des relais.

La limitation de la journée pour les femmes a eu de bons effets dans quelques industries. Les filatures du Nord ont adopté la journée de onze heures pour tout leur personnel, hommes et femmes. Ajoutons que ce résultat n'a pu être obtenu que grâce à la tolérance des inspecteurs; ceux-ci ont autorisé tacitement les industriels à employer les enfants pendant onze heures, contrairement à l'article 3, § 2. Il en est de même dans la région lyonnaise; peu à peu la durée du travail, dans beaucoup de manufactures, de soixante-douze à soixante-quinze heures par semaine, s'abaisse à soixante-six heures et même à soixante heures; cette réduction de la journée à onze heures ne préjudicie pas à la production, par suite des améliorations apportées dans l'outillage [1].

La même constatation a été faite dans les ateliers de

---

[1] *Bulletin de l'Office du travail,* février 1899, p. 143.

coutures, de confections, etc., où la journée est généralement de onze heures [1].

Dans le département de l'Isère, les dispositions de la loi
sur la durée du travail n'ont pas rencontré de difficultés
d'application ; dans l'arrondissement de Vienne, la journée
a été ramenée à onze heures pour tout le monde, grâce à
la tolérance de l'inspecteur en ce qui concerne le travail
des enfants [2].

Il n'y a, dans le département, qu'un très petit nombre de
demandes de prolongation de la journée légale [3].

La majorité des établissements industriels de la France
entière ouvrent leurs portes à sept heures du matin et les
ferment à six heures ; l'hiver, l'entrée et la sortie sont
retardées chacune d'une heure.

Les repos ont une durée assez variable ; ordinairement, ils consistent en une heure et demie, consacrée au
repas de midi. Quelquefois le travail est encore suspendu
durant un quart d'heure — rarement une demi-heure —
vers la fin de l'après-midi.

En 1894, le service de l'inspection a dressé 2,531 procès-
verbaux pour contravention aux articles 3 et 4, § 2 ; en 1895,
3,877 procès-verbaux ; en 1896, 5,725 procès-verbaux ; en
1897, le nombre des procès-verbaux retombe à 3,000 : la
loi, sans doute, est de mieux en mieux observée.

---

[1] *Bulletin de l'Office du travail,* janvier 1898, p. 30.

[2] *Rapport du Préfet au Conseil général de l'Isère,* Session d'août 1895,
pp. 725 et 727, et Session d'août 1897, pp. 691 et 693.

[3] *Ibid.,* Session d'août 1898, p. 531.

§ 2. — Travail de nuit.

Nous venons de signaler l'extension de l'emploi des équipes : elles alternent entre elles après quatre heures et demie de travail, de façon que l'usine puisse fonctionner pendant dix-huit heures sans interruption.

Le travail de nuit des ouvrières a généralement disparu [1] : les industriels ont remplacé les femmes par des hommes, dans la plupart des manufactures. Pourtant, jusqu'en 1894, les filateurs de Mazamet (Tarn) et les peigneurs de Vienne (Isère) ont protesté énergiquement contre la suppression du travail de nuit. D'après l'inspecteur de l'arrondissement de Vienne, « les filateurs et les cardeurs de laine objectaient que la suppression de la femme au travail de nuit serait la ruine de l'industrie de la région ; qu'il leur était impossible de remplacer, pour ce travail, la femme par l'homme, faute d'ouvriers formés au travail confié à la femme, qui, disaient-ils, était plus apte à ce travail et plus habile que l'homme [2] ».

Beaucoup d'industriels de la circonscription de Vienne employèrent le système des équipes, pour essayer d'éviter la loi, mais, devant les abus qu'ils faisaient naître, et devant les protestations énergiques des Chambres de commerce de Reims, Saint-Quentin, Lille, Cambrai, etc., l'inspecteur « malgré toute la tolérance dont il fit preuve, fut obligé

[1] *Bulletin de l'Office du travail*, septembre 1894, p 460 ; août 1895, p. 470 ; janvier 1898, p. 35.
[2] *Rapport du Préfet au Conseil général de l'Isère*, Session d'août 1894, p. 658.

d'avoir recours aux mesures répressives à l'égard d'un filateur de Vienne, qui s'obstinait à violer ouvertement la loi[1] ».

Depuis lors, le travail de nuit de la femme a disparu dans la région viennoise[2]. « Il n'est, actuellement, plus employé que des hommes au travail de nuit dans les carderies de laine. Tous ces établissements ont été visités à différentes heures de la nuit, et aucune contravention aux prescriptions de l'article 4 n'y a été constatée[3]. » Pourtant, en 1897, quelques tentatives de rétablissement du travail de nuit pour les femmes ont été signalées. « Mais l'inspecteur, avisé de cette tendance des industriels à revenir à leurs anciens errements sur l'emploi de la femme, la nuit, au travail des cardes, n'a pas hésité à sévir contre les industriels qui ne se conformaient pas aux prescriptions de l'article 4 de la loi, de façon à en obtenir l'observation stricte. Aujourd'hui, tout est rentré dans l'ordre, et il espère qu'à l'avenir il n'y aura plus à constater de ces retours aux anciens abus proscrits par la loi[4]. »

Les inspecteurs du travail reconnaissent que l'article 4, § 4, qui autorise la veillée des femmes et des filles majeures de dix-huit ans, jusqu'à onze heures du soir, pendant soixante jours, a remédié aux abus résultant jadis de veillées trop nombreuses et trop longues. « Les ouvrières employées dans les ateliers de modes, de confections, etc., ne quittaient l'atelier que lorsque l'ouvrage était absolu-

---

[1] *Rapport du Préfet au Conseil général de l'Isère,* Session d'août 1895, p. 728.
[2] *Ibid.,* Session d'août 1896, p. 572.
[3] *Ibid.,* Session d'août 1897, p. 694.
[4] *Ibid.,* Session d'août 1898, p. 532.

ment terminé ; il arrivait même fréquemment que certaines ouvrières passaient la nuit au travail, les samedis et veilles de fêtes. Ce travail supplémentaire était devenu une habitude pour beaucoup d'industries se rattachant à la couture [1]. »

Mais si ces faits de surmenage semblent avoir disparu, et si les inspecteurs estiment heureux le choix des époques de prolongation de veillée accordée à l'entrepreneur par le décret du 26 juillet 1895, les fraudes n'en ont pas moins persisté dans les maisons, où tout contrôle est impossible, après neuf heures du soir.

« L'inspecteur a de la peine à vérifier si dans les établissements autorisés à veiller jusqu'à onze heures du soir, les douze heures de travail légales ne sont pas dépassées. » La Commission supérieure du travail désire que les douze heures réglementaires soient faites de sept heures du matin à neuf heures du soir. Ces quatorze heures seraient coupées par un repos de deux heures au moins. C'est la pratique qu'ont adoptée les grandes maisons de couture de Paris. Elles ont été obligées d'ouvrir leurs ateliers, de huit heures du matin à dix heures du soir, lorsqu'elles eurent épuisé leur crédit de soixante jours de veillée, et ne purent obtenir de prolongation, Peu à peu, d'autres maisons ont suivi leur exemple. Ce régime de travail, qui facilite le contrôle de l'inspection, mériterait d'être généralisé, pour des raisons supérieures de morale et d'humanité [2].

Avant le décret de 1895, les fabricants de conserves de

---

[1] *Bulletin de l'Office du travail,* janvier 1898, p. 33.
[2] *Ibid.,* février 1899, p. 148.

poissons ne pouvaient pas toujours, dans leur ignorance des résultats de la pêche, prévenir, douze heures d'avance, l'inspecteur de leur intention d'employer temporairement des femmes à des travaux de nuit (article 4, § 6).

Aujourd'hui, l'industriel qui veut user de la faveur du travail de nuit, n'a qu'à prévenir par lettre ou par dépêche l'inspecteur de sa circonscription. Cette méthode a donné satisfaction à tout le monde : les déclarations, de 39 en 1895, se sont élevées à 58 en 1896.

A part les diverses industries de conserves alimentaires, peu d'établissements, parmi ceux portés en l'article 1er du décret du 26 juillet 1895, usent de la dérogation temporaire à l'interdiction du travail de nuit.

Aussi, les inspecteurs demandent-ils la réduction du nombre des industries portées à l'article 1er du décret de 1895. Tous reconnaissent que les règlements rendus sur l'application de la loi contiennent trop d'exceptions qui l'entravent et la rendent méconnaissable. Par exemple, l'article 4, § 6, de la loi déclare : « Le règlement *pourra* autoriser, pour *certaines* industries, une dérogation temporaire aux dispositions précitées (travail de nuit). » Le règlement de 1893 permit à *tout le personnel protégé* de travailler de *30 à 120* jours (suivant les établissements), dans quinze branches d'industrie (art. 3).

Heureusement, le décret de 1895 a limité l'exception à huit industries seulement, mais il a allongé la liste de celles qui bénéficient d'autres dérogations. Celle de l'article 7, relative à la durée du travail, comprend aujourd'hui un trop grand nombre d'industries pour lesquelles l'inspecteur peut temporairement lever les restrictions de l'article 3, sur la journée de travail. En pratique, ces innombrables

exceptions donnent souvent naissance à des conflits entre
inspecteurs et entrepreneurs. Les industriels, qui ne bénéficient d'aucune exception aux principes de la limitation de
la journée et de l'interdiction du travail de nuit, réclament
énergiquement contre la situation faite aux chefs des
industries, autorisées par les règlements à déroger à la loi,
malgré les fatigues et les dangers que présente le travail
dans ces établissements[1].

Ceux que la loi favorise ont à leur disposition un grand
nombre d'artifices qu'ils trouvent dans la loi et ses règlements et qui rendent tout contrôle impossible.

C'est ainsi que dans les imprimeries, les ateliers de brochage, autorisés par l'article 4 § 5 à déroger d'une façon
permanente à la prohibition du travail de nuit, à condition
que la durée soit limitée à sept heures par vingt-quatre
heures, la loi est observée *en apparence*, et même jamais,
semble-t-il, les sept heures ne sont atteintes.

En fait, les imprimeurs s'entendent entre eux. Une
équipe prend le travail le matin jusqu'à neuf heures du
soir. Elle est remplacée par une seconde équipe de neuf
heures du soir à quatre heures du matin. Les ouvrières de
jour quittent bien l'atelier, mais elles vont remplacer la
seconde équipe dans un autre établissement où elles tra-

---

[1] Le 17 février 1899, les journaux rapportaient le fait suivant : La direc-
trice du journal *La Fronde* était, le 7 novembre dernier, condamnée par
défaut à quatorze amendes pour infraction à la loi de 1892, en employant
dans ses ateliers quatorze ouvrières après neuf heures du soir. Sur opposition, le tribunal correctionnel (10e Chambre) l'a acquittée, parce que
disent les attendus : « Il est inadmissible que, sous prétexte de protéger
« la femme, on l'empêche de travailler après neuf heures du soir, lors-
« qu'elle peut le faire sans fatigue et que des exceptions sont faites déjà
« pour les usines à feu continu, par exemple, où le travail est bien plus
« pénible que dans une imprimerie, etc. »

vailleront la nuit. Le lendemain, la seconde équipe viendra dans cet établissement prendre le service de jour, tandis que les premières ouvrières retourneront dans le premier atelier, succéder à l'équipe de nuit[1].

Les inspecteurs soupçonnent ces fraudes et connaissent l'existence des ententes entre industriels, pour se prêter leurs équipes. S'ils interrogent les ouvrières, celles-ci refusent de répondre par crainte de perdre leur place, et préfèrent continuer leurs journées de dix-huit heures consécutives.

Le remède, proposé par le service de l'inspection, consisterait à obliger les brocheurs, imprimeurs, etc., à afficher le nom des ouvrières qui forment les équipes de nuit et de jour dans chaque établissement. Par le rapprochement des noms des plieuses, brocheuses, etc., contenus dans les diverses affiches d'une localité, les inspecteurs espèrent arriver à déjouer les fraudes[2].

Dans les usines à feu continu, la loi est généralement observée. Pourtant, les inspecteurs ont relevé quelques défectuosités dans la façon dont les équipes sont relevées. Chaque équipe prend alternativement le travail de jour ou de nuit pendant une semaine. Au moment du changement de service, l'équipe de jour ou l'équipe de nuit est obligée de travailler dix-huit heures consécutives. Les inspecteurs proposent, comme remède à cet inconvénient, la création de deux fractions d'équipe ne travaillant les jours de relève que six heures chacune[3].

---

[1] Les mêmes abus se reproduisent dans les ateliers de pliage de journaux et de lampisterie des mines.
[2] *Bulletin de l'Office du travail,* août 1895, p. 472; février 1899, p. 149.
[3] *Ibid.,* août 1895, p. 472; février 1899, p. 150.

L'autorisation du travail de nuit pour cause de chômage, n'est guère demandée que par les industriels qui ont eu précédemment recours à la tolérance de la veillée, et qui, soudain, se trouvent en présence d'une commande pressée (confiseries, etc.) [1]. Il y a eu 44 demandes en 1895 et 23 en 1896.

Les infractions à l'interdiction du travail de nuit ont été de 503 en 1894, de 1,142 en 1896, et de 1,111 en 1897. Les inspecteurs ont autorisé le travail de nuit à 1,450 établissements en 1895 ; en 1894, ils n'avaient accordé que 521 autorisations.

§ 3. — **Repos hebdomadaire et jours fériés.**

Le dimanche est le jour de repos généralement adopté par toutes les industries. De rares exceptions se rencontrent dans quelques ateliers israélites (chapelleries, etc.), qui ont préféré le samedi, et dans certains établissements pour qui le dimanche est un jour de grande besogne (charrons, maréchaux-ferrants, marchands de bicyclettes, etc.) [2]. Les petits patrons persistent encore à faire venir l'apprenti ou l'ouvrière le dimanche matin, sous prétexte de ranger l'atelier.

Les usines métallurgiques observent mal le repos hebdomadaire, malgré les nombreuses remarques des inspecteurs. Les industriels persistent à n'accorder de repos que tous les douze jours, pendant quarante-huit heures. C'est, en effet, l'époque de réparation des fours, et l'octroi

---

[1] *Bulletin de l'Office du travail,* septembre 1895, p. 532.
[2] *Ibid.,* août 1895, p. 473.

d'un congé au personnel protégé ne porte pas préjudice à la fabrication.

Les prescriptions de la loi, en ce qui concerne le repos des jours fériés, sont mal appliquées.

Les inspecteurs prennent à la lettre l'article 7, qui les autorise à accorder des dérogations au principe du repos hebdomadaire, mais qui est muet à l'égard des jours fériés. Ils refusent, par suite, aux industriels, la permission de travailler les jours de fête, par exemple le lundi de Pâques, quoique la veille le travail ait été toléré. « Les chefs d'établissements ne comprennent pas ces distinctions, qu'ils traitent de subtilités, surtout quand il s'agit du lundi de Pâques et du lundi de la Pentecôte. Ils considèrent ces deux jours comme ouvrables, bien que la loi du 8 mars 1886 leur ait reconnu le caractère de fête légale [1]. »

En 1894, on a relevé 515 contraventions au sujet du repos hebdomadaire et des jours fériés ; en 1895, on en a relevé 1,793 ; en 1896, 2,503, et en 1897, 1,508 seulement [2].

Les industries du département de l'Isère observent toutes le repos hebdomadaire, dont le jour choisi est le dimanche, et le chômage des jours de fête légale. Cependant, les papeteries ne respectent les prescriptions de la loi à ce sujet que depuis 1894 [3].

§ 4. — Travaux souterrains.

D'après les rapports annuels des ingénieurs en chef des mines, aucune femme n'est employée dans les travaux

---

[1] *Rapport de la Commission supérieure pour l'année 1894.*
[2] *Bulletin de l'Office du travail,* février 1899, p. 150.
[3] *Rapport du Préfet au Conseil général de l'Isère,* Sessions d'août : 1894, p 656, — 1895, pp. 726, 728, 731, — 1896, pp. 569, 572, — 1897, pp. 692, 694, 1898, pp. 530, 533.

souterrains. La même constatation ressort des tableaux publiés chaque année par le Ministre des Travaux publics, sur l'industrie minière en France.

§ 5. — **Pénalités.**

Les inspecteurs se plaisent à reconnaître que l'utilité de leurs fonctions est de mieux en mieux comprise des patrons et des ouvriers. Grâce à leur vigilance, les ateliers ont réalisé de grands progrès au point de vue de la sécurité, de la salubrité et de la moralité. Dans toute la France, il n'y a, pour ainsi dire, aucune infraction relative à la décence publique.

Mais les inspecteurs regrettent la modération excessive des juges de paix, à qui ils soumettent les contraventions relevées dans leur service.

Malgré un arrêt de Cassation du 12 juillet 1894 (Dalloz, 95, 1, 79), qui déclare que l'amende prévue à l'article 26 de la loi de 1892, ne peut être abaissée au-dessous de 5 francs, ils condamnent souvent à des amendes insignifiantes (2 francs, quelquefois même 1 franc), par suite de l'admission illégale des circonstances atténuantes de l'article 463 du Code pénal.

Les juges de paix n'apprécient pas toujours la gravité des infractions relevées par les inspecteurs, et prononcent des acquittements pour des contraventions flagrantes et irréfutables.

CHAPITRE VII

MODIFICATIONS PROPOSÉES A LA LOI
DU 2 NOVEMBRE 1892

Le principal reproche adressé à la loi de 1892 est le
manque d'uniformité entre les différentes durées de la journée de travail.

Les difficultés et les conflits nés de l'application de l'article 3, § 1er, ont été si nombreux, que dès le lendemain de
la promulgation de la loi, le Parlement fut saisi de nombreuses propositions de réforme[1].

Nous allons passer une revue rapide des améliorations
projetées par nos législateurs. Toutes tendent, en général,
à modifier la réglementation actuelle du travail des
femmes.

Sénat. — A. — Le 8 mai 1893[2], M. Félix Martin, sénateur, proposa d'ajouter un article 33 à la loi de 1892, permettant au Ministre du Commerce et de l'Industrie, après

---

[1] Le Gouvernement, en attendant le vote des modifications projetées,
a, par une Circulaire du 3 mai 1894, autorisé les inspecteurs à tolérer une
durée de travail uniforme pour les femmes et les enfants mineurs, c'est-à-
dire l'inobservation de l'article 3, § 1er.

[2] *Journal officiel,* Session ordinaire 1893. Annexe n° 23.

avoir, au besoin. pris l'avis du Comité des arts et manufactures ou du Conseil général des mines, de suspendre,
sur la demande de la Commission supérieure, l'application de la loi de 1892, dans une industrie déterminée.
Cette suspension ne pouvait dépasser le délai de six
mois.

La première commission d'initiative parlementaire con-
clut au rejet de la proposition, qui aurait eu pour résultat
« d'énerver la loi » avant que sa mise en pratique fût complète [1].

B. — Le 14 novembre 1893, M. Maxime Lecomte saisit
le Sénat d'une proposition de loi [2] modifiant les articles
« inapplicables » de la loi de 1892. M. Lecomte fut nommé
rapporteur, et l'honorable sénateur justifiait en ces termes
les changements dont il avait pris l'initiative [3]. « Les ouvriers protestent avec la même vivacité que leurs patrons.
Dans la Seine-Inférieure, une pétition est revêtue de plus
de 3,200 signatures. » Il citait encore d'autres protestations,
signalées dans la Somme, dans le Nord, en faveur de la
journée de onze heures, pour tout le personnel protégé.
M. Maxime Lecomte terminait son rapport par cette proposition de loi :

Article unique. — *L'article 3 de la loi du 2 novembre 1892 est modifié ainsi qu'il suit : les jeunes ouvriers
et ouvrières, jusqu'à l'âge de dix-huit ans, et les femmes,
ne peuvent être employés à un travail effectif de plus de*

---

[1] Session ordinaire 1893. Sénat. Annexe nº 132.
[2] Session ordinaire 1893. Sénat. Annexe nº 2.
[3] Session ordinaire 1894. Sénat. Annexe nº 34]

*onze heures par jour. Les heures de travail seront
coupées par un ou plusieurs repos, dont la durée totale
ne pourra pas être inférieure à une heure, et pendant
lesquels le travail sera interdit.*

Le premier rapport de M. Lecomte, déposé le 4 décembre 1893, au nom de la septième commission d'initiative parlementaire, concluait à la prise en considération [1], qui fut adoptée par le Sénat, le 14 décembre 1893 [2].

Un second rapport fut déposé par M. Maxime Lecomte, le 27 février 1894 [3], et fut également adopté par le Sénat [4]. Enfin un dernier rapport de M. Lecomte [5] fut examiné et adopté par le Sénat, les 11 et 12 juin 1894, en première lecture, et les 10 et 13 juillet 1894, en deuxième lecture [6]. Le dernier rapport supplémentaire réclamait l'unification de la journée de travail à onze heures, *même pour les ouvriers adultes* (article 2 modifiant l'article 1er du décret de 1848). Mais le Sénat se contenta des modifications suivantes, apportées à divers articles de la loi de 1892 :

Article 3. — *Les jeunes ouvriers et ouvrières jusqu'à
l'âge de dix-huit ans et les femmes ne peuvent être
employés à un travail effectif de plus de onze heures par
jour, coupées par un ou plusieurs repos, dont la durée
totale ne pourra être inférieure à une heure, et pendant
lesquels le travail sera interdit.*

---

[1] Session extraordinaire 1893. Sénat. Annexe n° 16.
[2] Session extraordinaire 1893. Sénat. *Débats parlementaires*, p. 1429.
[3] Session ordinaire 1894. Sénat. Annexe n° 34.
[4] Session ordinaire 1894. Sénat. *Débats parlementaires*, pp. 115 et 222.
[5] Rapport du 24 mai 1894. Session ordinaire 1894. Sénat. Annexe n° 101.
[6] Session ordinaire 1894. Sénat. *Débats parlementaires*, pp 519, 524, 661, 698.

Dans chaque établissement, sauf dans les usines à feu continu, les mines, minières et carrières et les industries qui seront déterminées par un règlement d'administration publique, les repos auront lieu aux mêmes heures pour toutes les personnes protégées par la présente loi.

Article 4, § 2. — Tout travail entre neuf heures du soir et cinq heures du matin est considéré comme travail de nuit. Toutefois, le travail sera autorisé de quatre heures du matin à dix heures du soir, quand il sera réparti entre deux postes d'ouvriers ne travaillant pas plus de neuf heures chacun, y compris un repos d'une demi-heure au moins pendant lequel le travail sera suspendu.

Le travail de chaque équipe sera continu, sauf l'interruption pour le repos[1].

Article 4, § 6. — Le même règlement pourra autoriser, pour certaines industries, une dérogation temporaire ou périodique aux dispositions des articles 3 et 4 de la présente loi.

En outre, en cas de chômage résultant d'une interruption accidentelle ou de force majeure, l'interdiction du travail de nuit peut, dans n'importe quelle industrie, être temporairement levée par l'inspecteur pour un délai déterminé.

Article 11, § 3. — Dans les manufactures et usines autres que les usines à feu continu, l'organisation des relais, sauf ce qui est prévu aux § 2 et 3 de l'article 4, est interdite pour les personnes protégées par les articles précédents.

---

[1] Le § 4 de l'article 4 relatif aux veillées permises jusqu'à onze heures du soir est supprimé.

Chambre des Députés. — A. — Le 20 février 1893, M. le baron Piérard proposait à la Chambre de modifier l'article 3 de la loi de 1892. « Le seul moyen, disait-il dans son rapport, de couper court aux graves inconvénients de cet article, serait d'établir une durée de travail uniforme pour tous, soit qu'on adopte la durée de onze heures établie actuellement pour les femmes, soit qu'on préfère limiter la journée à dix heures [1]. »

Article unique. — *Il est établi une durée de travail unique pour les femmes, les filles mineures et les enfants employés dans les usines, manufactures et autres établissements industriels énumérés à l'article 1er de la loi du 2 novembre 1892.*

Cette durée ne pourra pas dépasser dix heures par jour, ni six jours par semaine.

Cette proposition, renvoyée à la Commission parlementaire du travail, fit l'objet d'un rapport dressé par M. Piérard lui-même. Il ramenait uniformément la journée de travail à onze heures [2]. Mais ce rapport n'est jamais venu en discussion.

B. — Le 23 novembre 1893, MM. Louis Ricard, Guieysse, Dron, Cosmao-Dumeney et Maruejouls déposèrent une proposition tendant à d'importantes modifications de la loi de 1892 [3].

Dans l'exposé des motifs, les auteurs de la proposition s'exprimaient ainsi : « Pour que la loi du 2 novembre 1892

[1] Session ordinaire 1893. Chambre. Annexe n° 2586.
[2] Session ordinaire 1893. Chambre. Annexe n° 2730.
[3] Session extraordinaire 1893. Chambre. Annexe n° 40.

n'aboutisse pas à une profonde désillusion dans le monde
des travailleurs, pour qu'elle n'apparaisse pas à ceux-ci
comme un trompe-l'œil ne leur procurant aucune amélioration réelle, il est nécessaire d'y apporter quelques rectifications sur les points où les complications et les ano-
malies de son texte ont permis d'en paralyser les effets. Il
faut fixer une même durée de travail pour tous les ouvriers,
veiller à ce que cette durée ne soit pas étendue abusive-
ment et rendre effective l'interdiction du travail de nuit
pour les enfants, les filles mineures et les femmes. »

M. Fougeirol, nommé rapporteur par la Commission
d'initiative parlementaire, déposa son rapport le 9 décembre 1893[1]. La Chambre prit en considération la proposition présentée par MM. Ricard, Guieysse, etc., et la ren-
voya à la Commission du travail. Le 10 février 1894,
M. Barthou déposait son rapport au nom de cette Commission[2].

La durée du travail, disait M. Barthou, ne doit pas
dépasser dix heures, pour les enfants mineurs de dix-huit
ans, les filles et les femmes de tout âge. La journée doit
être coupée par un ou plusieurs repos, dont la durée totale
ne pourra être inférieure à une heure, pendant lesquels le
travail sera interdit.

Le travail de chaque équipe doit être continu, sauf l'interruption pour les repos. Les industries ne peuvent plus
cumuler les tolérances admises : par exemple, veiller jusqu'à onze heures du soir et déroger à l'interdiction du

---

[1] Session extraordinaire 1893. Chambre. Annexe n° 132.
[2] Session ordinaire 1894. Chambre. Annexe n° 372.

travail de nuit. Enfin, sauf dans les usines à feu continu, le système des relais ne peut être employé.

La Chambre ne s'est pas encore prononcée sur l'acceptation ou le rejet définitifs de cette proposition.

C. — En 1894, MM. Édouard Vaillant, Baudin, Chauvière, etc., présentèrent, au nom du groupe socialiste, une proposition de loi établissant la journée de huit heures, et un salaire minimum pour tous les ouvriers, ouvrières, employés et employées des services publics [1].

D'après l'article 1er : *La durée légale du travail est de huit heures par jour, et de quarante-huit heures par semaine, pour tous les ouvriers, ouvrières, employés et employées de l'État, qu'il occupe soit directement, soit indirectement par des entrepreneurs et fournisseurs. Il y aura un jour de repos par semaine.*

D'après l'article 2 : *Le salaire de tout employé, employée, ouvrier ou ouvrière, à partir de dix-huit ans, ne pourra jamais descendre au-dessous de cinq francs par jour, et de trente-cinq francs par semaine.*

D. — Le 20 juillet 1894, le président du Sénat transmit à son collègue de la Chambre, la proposition de loi de M. Maxime Lecomte [2]. M. Gustave Dron fut chargé par la Commission du travail de rédiger un rapport, qu'il déposa le 28 décembre 1895 [3]. Ses conclusions tendent à l'adoption de la proposition de M. Lecomte, modifiée par celle de MM. Ricard, Guieysse, etc.

---

[1] Session extraordinaire 1894. Chambre. Annexe n° 933.
[2] Session ordinaire 1894. Chambre des Députés. Annexe n° 864.
[3] Session extraordinaire 1895. Chambre des Députés. Annexe n° 1724.

La protection de la loi s'exerce dans tous les établissements industriels, y compris ceux dans lesquels on prépare des aliments destinés à la consommation publique. L'inspection s'étend à toutes leurs dépendances : dortoirs, réfectoires, salles de repos, etc.

La journée de travail est portée à onze heures pour les enfants, les filles et les femmes, coupée par un ou plusieurs repos, dont la durée ne pourra être inférieure à une heure ; à la date du 1ᵉʳ juin 1898, la journée sera réduite à dix heures pour tout le personnel protégé. Dans chaque établissement, sauf dans les usines à feu continu, les repos auront lieu aux mêmes heures pour toutes les personnes visées par la loi.

Les équipes tournantes sont interdites. Tout travail de nuit est défendu aux enfants, aux filles et aux femmes, de neuf heures du soir à cinq heures du matin. Dans certaines industries, les femmes et les filles âgées de plus de dix-huit ans pourront veiller jusqu'à onze heures du soir, pendant soixante jours au plus, sans que la journée de travail effectif puisse être prolongée au delà de douze heures. Certaines industries pourront déroger d'une façon permanente à l'interdiction du travail de nuit, mais seulement pendant sept heures par vingt-quatre heures. Des dérogations temporaires aux dispositions ci-dessus pourront être accordées par décret. En cas de chômage résultant d'une interruption accidentelle ou de force majeure, l'inspecteur pourra lever temporairement l'interdiction du travail de nuit. Enfin, . l'article 1ᵉʳ du décret-loi des 9-14 septembre 1848, est complété de cette façon : *Toutefois, dans les établissements de ce genre qui emploient des hommes adultes et des personnes visées par la loi du 2 novembre 1892, la journée ne pourra excéder onze heures de travail effectif et dix heures à partir du 1er juin 1898.*

La Chambre des Députés a discuté le rapport de M. Dron dans les séances des 11, 15, 16, 22, 23, 25 et 27 juin 1896.

La protection de la loi s'étendrait aux établissements où l'on prépare des boissons de consommation immédiate. La proposition de la journée de huit heures faite par MM. Vaillant et Guesde a été repoussée dans la séance du 27 juin.

La discussion des réformes à apporter à la loi de 1892 n'a pas été reprise depuis 1896. Le 20 juin 1898, M. Loubet, président du Sénat, a de nouveau saisi le président de la Chambre de la proposition de M. Maxime Lecomte, que le changement de législature avait frappée de caducité à la Chambre des Députés [1].

Aucun de ces divers projets n'a encore abouti. Il serait à souhaiter que le Parlement mît fin au plus tôt aux inconvénients que présentent les différentes durées de la journée du personnel protégé, et supprime radicalement les équipes tournantes, qui donnent lieu à d'innombrables abus et rendent la surveillance impossible.

---

[1] Session ordinaire 1898. Chambre des Députés. Annexe nᵒ 74.

APPENDICE

Les Chambres françaises n'ont pas seulement à s'occuper
de nouvelles propositions de réforme de la loi de 1892; elles
ont été également saisies de plusieurs projets qui ne se
rapportent pas directement à la limitation du labeur quotidien ni à la prohibition de certains travaux pour les
femmes, mais qui, cependant, intéressent au plus haut
degré leur condition sociale.

Nous voulons parler du projet tendant à accorder à la
femme le droit de disposer librement du produit intégral
de son travail, et des propositions interdisant, temporairement, tout travail aux accouchées.

§ 1er. — Droit pour la femme de disposer de son salaire.

Le 9 juillet 1894, MM. Goirand et Louis Jourdan ont
déposé, à la Chambre des Députés, une proposition de loi
accordant à la femme la libre disposition de son salaire, et
le droit, en certains cas, de saisir-arrêter une part des
émoluments du mari, pour subvenir à ses besoins. Sur
rapport favorable de M. Julien Goujon[1], la proposition

---

[1] Chambre des Députés. Session ordinaire 1894. *Documents parlementaires,* pp. 1133, 1135, 2233.

fut renvoyée à une commission qui nomma **M.** Goirand
rapporteur [1]. La Chambre discuta et vota cette proposition
le 27 février 1896 [2]. Le Sénat en fut saisi le 2 mars 1896,
et depuis lors personne n'en a plus entendu parler [3].

Voici en quoi consiste l'innovation projetée :

Article 1er. — *Quel que soit le régime adopté par les
épous, la femme a le droit de recevoir, sans le concours
de son mari, les sommes provenant de son travail personnel et d'en disposer librement. La présente disposition
n'est pas applicable au gain résultant du travail commun
des deux époux.*

*Les biens acquis par la femme avec ses gains person-
nels appartiennent à la communauté.*

Article 2. — *En cas d'abandon, par le mari, du domicile conjugal, la femme peut obtenir, du juge de paix,
l'autorisation de saisir-arrêter et de toucher, sur les
salaires ou émoluments du mari, une part en proportion
de ses besoins et du nombre de ses enfants.*

*Le même droit appartient au mari, en cas d'existence
d'enfants, si la femme ne subvient pas spontanément dans
la mesure de ses facultés, aux charges du ménage.*

§ 2. — Interdiction temporaire du travail aux femmes accouchées.

Il est incontestable que l'ouvrière des manufactures ne
peut, lors de son accouchement, observer toutes les règles

---

[1] Chambre des Députés. Session ordinaire 1895. *Documents parlementaires*, p. 1472.

[2] Chambre des Députés. Session ordinaire 1896. *Débats parlementaires*,
p. 313.

[3] Sénat. Session ordinaire 1896. *Documents parlementaires*, p. 117.

d'hygiène prescrites en cette circonstance, ni se reposer pendant quelques semaines, afin de reprendre des forces, et donner à son enfant les soins indispensables au premier âge. L'ouvrière ne songe qu'à se relever et reprendre son travail, au plus vite, malgré le risque de graves complications. Elle veut regagner l'argent dépensé pendant ses couches, et éviter la perte de sa place à l'usine.

D'après des statistiques publiées à la suite de divers congrès réunis pour l'étude de la protection de l'enfance, les trois quarts des ouvrières réintégreraient les ateliers, du septième au douzième jour après l'enfantement. Au Congrès de Genève, en 1896, M. Brylinski, président de la Mutualité maternelle, fondée à Paris par Mme Carnot, a présenté un rapport, où il est reconnu par tous les médecins, que la femme ne peut reprendre son travail qu'un mois après sa délivrance — six semaines pour la majorité des cas, — sinon elle risque de contracter d'incurables infirmités, lorsqu'elle ne meurt pas des suites de son imprudence[1].

Il semble donc naturel de protéger l'ouvrière dans sa maternité, car « l'intérêt de cette mère de famille, conforme à celui de la Société, est d'être protégée par la loi, durant cette période critique, contre elle-même, contre les suggestions de la misère, ou contre les prétentions de ceux qui pourraient la forcer au travail ; la perte de salaire qui en résulte est largement compensée par le bénéfice d'une santé meilleure, d'une constitution plus robuste... La mère seule peut exercer sur son petit être une surveillance de tous les instants ; les moindres mouvements, les moindres

[1] *Revue socialiste*, septembre 1897, p. 287.

cris sont pour elle l'indice de besoins qu'elle s'empresse
de satisfaire aussitôt. La nourrice, au contraire, bien loin
de ne donner que du lait à l'enfant, le bourre le plus souvent de bouillies et de soupes indigestes ; l'enfant.... est
ensuite couché et abandonné pendant que la mère, merce-
naire, vaque à d'autres travaux [1] ».

I. — La Commission législative chargée d'étudier les
dispositions de la loi de 1892, avait stipulé dans l'article 9
que *les femmes accouchées ne peuvent être admises au
travail que quatre semaines après leur accouchement*.
M. Waddington disait dans son rapport du 17 juin 1890 :
« Votre Commission a emprunté au projet de loi de
M. de Mun un article interdisant, pendant une période de
quatre semaines après l'accouchement, tout travail industriel aux femmes en couches.... Malgré quelques difficultés d'application, nous n'hésitons pas à insérer dans la
loi une mesure, que justifie amplement l'intérêt de la
santé de la mère et de l'enfant, et qui est, d'ailleurs, conforme aux règlements de beaucoup d'établissements industriels [2]. »

En effet, certains directeurs de grandes manufactures
avaient su se conformer aux prescriptions de l'humanité,
en obligeant leurs ouvrières à achever leur convalescence,
avant d'offrir de nouveau leurs services.

Ainsi, à Mulhouse, M. Jean Dollfus accordait aux ou-

[1] Rapport de M. Gustave Dron. Chambre des Députés. Session ordinaire 1892. Annexe n° 2027.
[2] Chambre des Députés. Session ordinaire 1890. Annexe n° 649. En 1890,
la Conférence de Berlin avait émis un vœu, à l'unanimité, accordant un
mois de repos aux femmes nouvellement accouchées.

vrières devenues mères la totalité de leurs salaires, pendant six semaines, à compter du quinzième jour après l'accouchement, à la condition qu'elles restassent chez elles, occupées à se rétablir et à soigner leurs enfants. Avant cette mesure généreuse, la mortalité des enfants dans la première année s'élevait jusqu'à 40 %. Dès que M. Dollfus eut pris sa charitable décision, la mortalité infantile fut réduite à 28 °/₀.

A Mazamet (Tarn), on a créé des ateliers spéciaux, où les jeunes mères se livrent à des travaux peu pénibles et gardent leurs nouveau-nés auprès d'elles.

A Paris, la Chambre syndicale de la confection et de la couture a fondé, en 1892, sous les auspices de Mme Carnot, une institution appelée « la Mutualité maternelle » dont nous avons déjà parlé. Les sociétaires en couches reçoivent une indemnité suffisante pour pouvoir s'abstenir de tout travail pendant quatre semaines.

Mais ce ne sont là que des exemples isolés de philanthropie et de clairvoyance patronales ; la loi, seule, a le pouvoir de les généraliser.

Quand l'article 9 du projet de loi de 1892 vint en discussion devant la Chambre, des difficultés imprévues s'élevèrent.

Certains députés, partisans acharnés de la liberté absolue, étaient hostiles à toute réglementation.

M. Desprès prétendait que c'est aux mœurs qu'il appartient de trancher la question du travail des femmes accouchées. Si l'on s'engage dans la voie de l'hygiène de l'accouchement, il faut aussi interdire à la femme tout travail pendant les derniers mois de sa grossesse. Et il ajoutait : « La loi française ne peut entrer dans des détails aussi intimes. Si vous adoptez cet article, il faudra y ajouter une autre disposition, à savoir que, pendant quelques jours, chaque mois, la femme n'entrera pas dans les ateliers. Il y a plus de femmes malades pendant ces périodes naturelles de leur vie que pendant leurs couches..... Si on veut légiférer sur tous les incidents de la vie de la femme, la loi sera un objet de risée générale. C'est aux mœurs qu'il faut demander d'empêcher la femme de travailler dans les ateliers quand elle est malade ; c'est au patron, au mari, aux parents des ouvriers de leur rappeler ce que tout le monde sait : les moindres paysans et les animaux eux-mêmes..... Au moment où la femelle s'occupe de ses petits, personne n'ignore de quels soins l'entoure le mâle. Dans l'espèce humaine, vous observerez les mêmes faits, et plus l'homme se rapproche de l'état de nature, à moins qu'il soit un criminel ou un homme profondément vicieux — ce qui est rare, heureusement, dans notre pays, — plus vous le verrez donner à sa femme les conseils qu'elle doit suivre, les soins que réclame son état ; et je veux espérer que le patron y ajoutera les conseils que le mari ne peut donner [1]. »

A cet éloquent plaidoyer en faveur de la liberté, M. de Mun répondait que l'article n'avait été proposé que parce que les mœurs semblaient insuffisantes. M. Ferroul demandait que le travail fût interdit aux femmes trois jours avant et vingt-huit jours après leurs couches.

L'article 9 fut, malgré toutes les objections soulevées, voté à une grande majorité en 1890.

---

[1] Chambre des Députés. Séance du 8 juillet 1890. *Débats parlementaires*, pp. 814 et suiv.

II. — Quand il revint devant la Chambre en 1891, on proposa d'y ajouter le principe d'une indemnité de chômage à accorder aux accouchées, que l'État et les communes devaient prendre à leur charge, au prorata des sommes distribuées.

La Commission ne voulut pas se prononcer de suite sur cet amendement dû à M. Émile Brousse ; le 5 février 1891, elle déclara qu'une étude approfondie et un projet spécial étaient nécessaires. L'article 9 fut donc disjoint de l'ensemble de la loi sur la réglementation du travail.

Le 7 février 1891, M. Brousse déposa une proposition visant toutes les femmes accouchées, ouvrières de l'industrie et ouvrières des champs.

Le chômage obligatoire varierait de durée, suivant le genre de travail et l'état de santé, sans pouvoir excéder quatre semaines. Dans chaque arrondissement, une caisse de maternité serait créée alimentée moitié par l'État, moitié par les départements.

Le même jour, une proposition de M. Gustave Dron était également déposée sur le bureau de la Chambre. M. Dron ne s'intéressait qu'aux femmes employées dans l'industrie ; la période de chômage était uniformément fixée à quatre semaines ; les Conseils municipaux devaient déterminer et répartir les indemnités accordées. Celles-ci seraient supportées moitié par l'État, moitié par les communes et non plus par les départements.

La Commission nomma M. Dron rapporteur, qui fondit les deux propositions en un projet unique. « Les femmes accouchées, travaillant dans les usines, manufactures, chantiers et ateliers, ne peuvent être admises au travail que quatre semaines après leur accouchement. Elles ont

droit à une indemnité égale à la moitié du salaire journalier, sans que cette indemnité puisse être supérieure à
deux francs, ni inférieure à soixante-quinze centimes. Les
accouchées, quelles qu'elles soient, même en dehors de
l'industrie, pourront demander aux municipalités des
secours variant de cinquante centimes à un franc par jour,
pendant quatre semaines. Les indemnités et secours seront,
par parties égales, à la charge de l'État, des départements
et des communes. »

M. Dron déposa son rapport le 29 mars 1892 [1], la Chambre
en commença la discussion les 29 octobre, 3 et 4 novembre
de la même année.

La Chambre admit, en première lecture, un texte mal
rédigé, qui attend encore la deuxième délibération. En
voici la teneur :

« Tout travail est interdit, pendant quatre semaines
après leur accouchement, aux femmes occupées dans les
usines, manufactures, chantiers et ateliers, ou employées
aux travaux agricoles. Ces femmes auront droit à une
indemnité de un franc. D'une façon générale, les accouchées de toute classe et de toute sorte, qui seront dans le
besoin, pourront demander aux maires, pendant le temps
de repos qui suivra leur accouchement, et pour une période
qui ne pourra dépasser quatre semaines, des sommes fixées
à un franc par jour. Ces indemnités et secours seront, par
parties égales, à la charge de l'État et des départements. »

Ce projet part d'un principe excellent : la protection
légale de la femme accouchée, et le droit à une indemnité
pendant le temps de ses relevailles.

---

[1] Chambre des Députés. Session ordinaire 1892. Annexe n° 2027.

Il serait à souhaiter que le Parlement le sanctionnât au plus tôt.

Mais, nous faisons des réserves en ce qui touche l'origine des indemnités. Faut-il admettre que l'interdiction du travail par la loi est une sorte d'expropriation pour cause d'utilité publique et qu'il en résulte, pour l'État, une obligation d'assistance envers la femme ? Nous ne le pensons pas, malgré le vote de la Chambre en faveur du payement de l'indemnité par la Société. Pour nous, la loi doit s'en tenir uniquement au principe de l'interdiction.

L'État ne prend des mesures de protection à l'égard des ouvrières, mères de famille, que parce qu'il est de son devoir de veiller à la conservation de la santé et de l'hygiène publiques, et de sauvegarder, contre tous les excès, les générations futures. Ce faisant, il est dans son rôle comme lorsqu'il interdit aux femmes le travail de nuit. Mais aucune de ces interventions de l'État ne doit entraîner pour lui d'obligation pécuniaire.

Si la réglementation légale, sous ses diverses formes, cause aux personnes protégées une diminution de ressources, c'est aux associations mutuelles d'ouvriers ou aux patrons, en un mot, à l'initiative privée, qu'incombe le soin d'y remédier.

Quant au système de caisses mutuelles, alimentées par les subventions des patrons ou uniquement par les cotisations des ouvriers, il a l'inconvénient de grever, dans une certaine mesure, les modestes ressources des travailleurs.

Si quelqu'un doit être obligé de payer un salaire de chômage aux femmes accouchées, c'est l'industrie personnifiée par le patron. Nous appliquons ici le principe reconnu par la loi, sur la responsabilité, en matière d'accidents, du 9 avril 1898. De même que le chef d'établissement conserve et répare ses machines, il doit aussi veiller à l'entretien de ses ouvrières, qui contribuent comme elles à la production de la manufacture. Puisque l'entrepreneur emploie de préférence la main-d'œuvre féminine, à cause des avantages qu'il en retire, au point de vue de l'infériorité du salaire, il est juste qu'il supporte les dépenses accessoires à l'accouchement de ses ouvrières.

Le pojet de M. Brousse avait le tort, croyons-nous, d'accorder la protection légale aux femmes employées aux travaux agricoles. Aucune comparaison n'est possible entre la situation de l'ouvrière occupée dans l'industrie et la femme livrée aux travaux des champs. Certainement, la paysanne doit, à certains moments, prendre part à des labeurs pénibles et prolongés ; mais elle est en plein air, elle exerce son activité d'une façon variée, et elle peut, dans les premiers jours de ses relevailles, proportionner ses efforts à ses forces. Il n'en est pas de même pour l'ouvrière des usines : elle est astreinte à une besogne toujours pénible, à une attention de tous les instants, dans des ateliers malsains, où elle ne peut prendre aucun repos.

La Commission a donc bien fait de restreindre la protection de la loi aux seules femmes occupées dans l'industrie.

D'ailleurs, comment assurer le respect de la loi, à l'égard des femmes employées dans l'agriculture et dont le travail, contrairement à celui des ouvrières industrielles, n'est soumis à aucune surveillance ? Les finances de l'État sont déjà trop obérées pour qu'on puisse songer à la création d'un corps d'inspecteurs agricoles, dont le contrôle risquerait d'être fort illusoire.

III. — Le 27 octobre 1892, MM. Lafargue, Ferroul et Jourde déposèrent à la Chambre la proposition suivante : [1].

Article 1er. — *Toute citoyenne mariée ou non, appartenant à la classe qui vit de salaires, est mise à la charge de la société, à partir du quatrième mois de sa grossesse, jusqu'au douzième mois après son accouchement, et jusqu'au deuxième mois seulement, si l'enfant vient à mourir.*

Article 2. — . . . .

Article 3. — *Les indemnités sont fournies par une caisse de maternité, établie dans l'arrondissement et alimentée par un impôt sur les industriels et les commerçants, de 30 francs par enfant des deux sexes et de 60 francs par femme employée ; l'État, le département et la commune complétant par tiers la somme supplémentaire nécessaire.*

IV. — M. Jules Guesde, dans les séances des 11 et 27 mai 1895, consacrées à la discussion de la refonte de la loi de 1892, a proposé un amendement, accordant à la femme un repos d'un mois avant et d'un mois après son accouchement, avec salaires payés intégralement.

V. — Le 12 mai 1899, la Chambre des Députés a pris en considération, sur le rapport favorable de la Commission d'initiative parlementaire, la proposition de M. Dulau, sur « la protection de la mère et de l'enfant nouveau-né [2] ». Voici, en quelques mots, l'économie de ce projet :

[1] Chambre des Députés. Session extraordinaire 1892. Annexe n° 2369.
[2] Chambre des Députés. Session ordinaire 1899. Annexe n° 789.

Dans chaque département il sera organisé un service d'assistance maternelle gratuite pour les femmes enceintes dénuées de ressources. Les secours seront donnés à domicile ou dans un établissement hospitalier. Le préfet détermine la nature et la durée des secours. Les enfants peuvent être pris comme pupilles de l'Assistance publique, si la mère est veuve ou abandonnée.

Les dépenses sont obligatoires et sont supportées moitié par l'État, moitié par le Département, défalcation faite d'un cinquième au plus, représentant le contingent des communes[1].

[1] Le 12 juillet 1897, M. Groussier déposa sur le bureau de la Chambre un projet de Code du travail (Chambre des Députés. Session ordinaire 1897. Annexe n° 2652). Cette proposition fut renouvelée le 13 juin 1898 (Chambre des Députés. Session ordinaire 1898. Annexe n° 33). Nous y trouvons les prescriptions suivantes : six jours de travail par semaine ; huit heures de travail pour tous les travailleurs, coupées par une heure de repos ; interdiction du travail de nuit pour les femmes et les enfants; prohibition du travail pour les femmes enceintes, six semaines avant et six semaines après leur accouchement.

Ajoutons que le 28 mars 1898 (Chambre des Députés. Session ordinaire 1898. Annexe n° 3177), MM. Maurice Faure et de Ramel ont proposé la réduction de la journée à soixante heures par semaine pour tous les ouvriers employés dans les filatures de soie jouissant du bénéfice des primes. La Commission du travail a donné un avis favorable à cette proposition, le 1er avril 1898 (Chambre des Députés. Session ordinaire 1898. Annexe n° 3205).

Le 7 juillet 1898 (Chambre des Députés. Session ordinaire 1898. Annexe n° 182), MM. Bernard et Chiché ont déposé à la Chambre une proposition de loi étendant le pouvoir des inspecteurs du travail, leur permettant de pénétrer de jour et de nuit pendant le travail et le repos, dans tous établissements, entreprises ou exploitations, quelle qu'en soit l'importance et la nature, et réduisant le nombre des Commissions locales à une par département.

CONCLUSION

Nous avons constaté, au cours de cette étude, que de nombreux efforts ont été faits pour améliorer la condition des femmes. Avant d'augmenter leur capacité juridique et de les affranchir de la sujétion où les maintiennent d'antiques préjugés, la loi a prêté son appui à celles qui essayent de gagner leur vie, en travaillant dans les usines.

Cette protection est-elle suffisante? Nous ne le croyons pas. Les conditions du travail, dans la grande industrie, se transforment perpétuellement, et leur évolution exerce fatalement son influence sur la situation des ouvrières.

Le rôle que la femme joue dans l'industrie grandira encore avec les perfectionnements du machinisme, et, en présence des innovations qui se produiront, la loi ne pourra rester inactive : elle devra prévoir et corriger les abus de la nouvelle organisation du travail.

L'œuvre du législateur de 1892 est incomplète : les hésitations, les lenteurs qui marquèrent l'élaboration de la loi, les plaintes que, chaque année, les inspecteurs font entendre contre les difficultés de son application, enfin, les nombreux projets de réforme qui ont été soumis au Parlement, montrent combien il est difficile d'atteindre à la perfection.

M. Waddington disait, en 1890 : « Notre œuvre soulèvera des critiques ardentes, à la fois de ceux qui nous accuseront de compromettre l'industrie par des réformes trop radicales, et de ceux qui trouveront nos propositions trop timides, et qui eussent désiré une réglementation plus restrictive, et des réductions plus fortes de la journée de travail. Nous répondrons aux uns et aux autres que votre Commission a été mue par le désir sincère de concilier les deux intérêts en présence, elle a cherché à introduire dans notre Code les réformes compatibles avec l'état de notre industrie et avec les nécessités de la concurrence étrangère. »

Nous espérons, en terminant, que l'action et la vigilance des inspecteurs, la bonne volonté des industriels et des travailleurs assureront de plus en plus l'application de la loi de 1892. Nous souhaitons également que les Chambres examinent au plus tôt les diverses rectifications à apporter à la loi, que nous avons signalées chemin faisant, et qui, à notre humble avis, sont indispensables pour compléter la protection due au travail de la femme.

Vu à Grenoble, le 22 juin 1899.
Le Président de la Thèse,
CAPITANT.

Vu à Grenoble, le 22 juin 1899.
Le Doyen de la Faculté,
C. TARTARI.

Vu et permis d'imprimer :
Grenoble, le 22 juin 1899.
Le Recteur,
président du Conseil de l'Université,
E. BOIRAC.

TABLE DES MATIÈRES